"中国社会组织建设与管理"理论研究部级课题（2014MZMJR068）

社会组织对经济社会贡献力研究

梁学平　著

南开大学出版社

天　津

图书在版编目(CIP)数据

社会组织对经济社会贡献力研究 / 梁学平著. —天津：南开大学出版社，2022.4(2023.9 重印)
ISBN 978-7-310-06255-3

Ⅰ. ①社… Ⅱ. ①梁… Ⅲ. ①社会团体－作用－经济发展－研究－中国②社会团体－作用－社会发展－研究－中国 Ⅳ. ①C232②F124

中国版本图书馆 CIP 数据核字(2021)第 273851 号

社会组织对经济社会贡献力研究
SHEHUI ZUZHI DUI JINGJI SHEHUI GONGXIANLI YANJIU

南开大学出版社出版发行
出版人：陈　敬
地址：天津市南开区卫津路 94 号　　邮政编码：300071
营销部电话：(022)23508339　营销部传真：(022)23508542
https://nkup.nankai.edu.cn

河北文曲印刷有限公司印刷　全国各地新华书店经销
2022 年 4 月第 1 版　2023 年 9 月第 2 次印刷
230×170 毫米　16 开本　8 印张　131 千字
定价：48.00 元

如遇图书印装质量问题，请与本社营销部联系调换，电话：(022)23508339

作者简介

梁学平，天津市第十四届高等学校教学名师奖获得者，天津商业大学经济学院院长、现代服务业发展研究中心（高校智库）主任，教授，中国人民大学经济学博士，财政学、金融专硕（融资租赁方向）硕士生导师，中国注册会计师（非执业），担任天津市重点学科"应用经济学"学科带头人、天津市实验教学示范中心"经济与统计实验教学中心"主任、天津市应用型专业"财政学"专业负责人、天津市虚拟仿真实验教学项目"税收申报虚拟仿真实验教学"负责人和财政学专业校级教学团队负责人，曾挂职天津市红桥区商务委员会副主任。1998 年获得中南财经大学经济学学士学位，2004 年获得南开大学经济学硕士学位，2008 年获得中国人民大学经济学博士学位。出版专著《中国公共物品的供给研究》《医疗卫生服务的政府供给效率评价与投入机制创新研究》，主编南开大学规划教材《税收征管实务》和 21 世纪高等学校系列规划教材《财政与税收》，参与编写天津"十二五"规划教材《公共财政学》《税收筹划》《财政学》《公共财政学》等。在 *Frontiers in Public Health*、*Sustainability*、*Renewable Energy* 和《中央财经大学学报》《中南财经政法大学学报》《财经科学》《天津日报》等各类期刊报纸发表论文 70 多篇。承担教育部人文社科研究青年基金项目《医疗卫生服务的政府供给效率评价与投入机制创新研究》、天津市科技发展战略研究计划重点项目《新形势新背景下深化科技体制机制创新的任务路径及对策研究》、天津市哲学社会科学研究规划重点项目《天津市基本公共服务均等化的财政分权激励机制问题研究》等各类科研项目 19 项，曾获天津市第十五届社会科学优秀成果三等奖、天津市教委第三届优秀调研成果三等奖、天津市教委第四届优秀调研成果三等奖、高等学校国家级实验教学示范中心联席会全国高校经管类实验教学案例大赛决赛优秀奖。主要研究方向：财税理论与政策、公共服务供给理论与政策、科技金融财税政策、融资租赁税务政策。担任天津市第三届仲裁委员会委员、天津市土地征收成片开发专家委员会委员、天津市自贸试验区金融创新专家咨询委员会委员、中国金融教育发展基金会金融教育公益项目评审专家委员会委员、工业和信息化部工业通信业财经专家库入库专家、天津市教育科学规划专家、天津市科技专家库入库专家、河北省科技项目评审专家、天津市行政决策咨询服务专家库入库专家、教育部学位中心专业学位水平评估论文评价专家、教育部学位中心专业学位水平评估通讯评审专家、教育部学位中心学位论文通讯评审专家、第十届全国大学生电子商务"创新、创意及创业"挑战赛网评专家、中国商业经济学会第八届理事会理事、天津市国际税收研究会第四届理事会理事、天津商业大学学术委员会委员、《天津商业大学学报》编委会委员、天津商业大学学位评定委员会委员等。入选天津市高校"学科领军人才培养计划"、天津市高校"中青年骨干创新人才培养计划"、天津商业大学"青年英才百人计划"。

前　言

随着社会经济的快速发展、社会结构的快速转型和人口结构的变化，城乡居民的社会服务需求急剧增长且呈现多元化的趋势，仅仅依靠政府直接提供社会服务已经很难满足日益增长的社会服务需求。由于组织结构的民间性、社会服务的公益性，加之运作方式的高效性、公开性、活力性，使得社会组织在提供社会服务方面具有服务的便捷性、对象的贴近性和需求满足的契合性。社会组织能够与政府在社会服务供给方面形成以公共利益为核心的分工合作关系，政府越来越多采用各种方式委托社会组织提供社会服务，社会组织成为多元化社会服务的积极供给者。

自 2013 年以来，随着深化教育领域综合改革、就业创业体制改革、深化医药卫生体制改革、社会保障制度等社会事业改革持续推进和不断创新，我国社会建设、社会治理取得了显著成效，社会组织进入了逐步成熟和快速发展的新阶段。立足于实现社会治理现代化的目标和打造"共建共治共享"的社会治理格局，社会组织在构建社会利益协调机制、维护群众权益机制、建立突发事件预警机制、化解社会矛盾机制等方面发挥着积极的作用，在一定程度上促进了社会的稳定。

对于如何提升社会治理能力和加快社会治理体系现代化，党中央提出了社会建设领域改革的一系列重大战略举措，对社会组织的发展进行了谋篇布局。党的十八大提出"在改善民生和创新管理中加强社会建设""加快形成政社分开、权责明确、依法自治的现代社会组织体制"，将"现代社会组织体制"的建设作为社会建设的重要组成部分。十八届三中全会提出"激发社会组织活力"，要"正确处理政府和社会关系，加快实施政社分开，推进社会组织明确权责、依法自治、发挥作用"。十八届五中全会提出"加强和创新社会治理，推进社会治理精细化，构建全民共建共享的社会治理格局"。党的十九大提出"加强社区治理体系建设，推动社会治理重心向基层下移，发挥社会组织作用，实现政府治理和社会调节、居民自治良性互动"。

十九届三中全会通过的《中共中央关于深化党和国家机构改革的决定》提出"加快实施政社分开，激发社会组织活力，克服社会组织行政化倾向""依法加强对各类社会组织的监管，推动社会组织规范自律，实现政府治理和社会调节、居民自治良性互动"。十九届四中全会通过《中共中央关于坚持和完善中国特色社会主义制度　推进国家治理体系和治理能力现代化若干重大问题的决定》，提出加强和创新社会治理时要"完善党委领导、政府负责、民主协商、社会协同、公众参与、法治保障、科技支撑的社会治理体系，建设人人有责、人人尽责、人人享有的社会治理共同体"，构建基层社会治理新格局时"健全党组织领导的自治、法治、德治相结合的城乡基层治理体系，健全社区管理和服务机制，推行网格化管理和服务，发挥群团组织、社会组织作用，发挥行业协会商会自律功能，实现政府治理和社会调节、居民自治良性互动，夯实基层社会治理基础"，表明社会组织在国家治理体系中的定位进一步明确。《中国共产党第十九届中央委员会第五次全体会议公报》提出"十四五"时期经济社会发展主要目标之一为"社会治理特别是基层治理水平明显提高"，强调"完善共建共治共享的社会治理制度""加强和创新社会治理"。党的十九届五中全会通过的《中共中央关于制定国民经济和社会发展第十四个五年规划和二〇三五年远景目标的建议》提出加强和创新社会治理应要"完善社会治理体系，健全党组织领导的自治、法治、德治相结合的城乡基层治理体系，完善基层民主协商制度，实现政府治理同社会调节、居民自治良性互动，建设人人有责、人人尽责、人人享有的社会治理共同体"；要"发挥群团组织和社会组织在社会治理中的作用，畅通和规范市场主体、新社会阶层、社会工作者和志愿者等参与社会治理的途径"。党的十九届六中全会通过的《中共中央关于党的百年奋斗重大成就和历史经验的决议》深刻总结了党的十八大以来社会建设方面的重大成就和历史经验是"党着眼于国家长治久安、人民安居乐业，建设更高水平的平安中国，完善社会治理体系，健全党组织领导的自治、法治、德治相结合的城乡基层治理体系，推动社会治理重心向基层下移，建设共建共治共享的社会治理制度，建设人人有责、人人尽责、人人享有的社会治理共同体"。

党中央高度重视加强和创新社会治理，注重发挥社会组织在社会治理中的作用，不断完善党委领导、政府负责、民主协商、社会协同、公众参与、法治保障、科技支撑的中国特色社会主义社会治理体系。各级政府积极贯彻党中央的决策部署，通过设立社会建设专项资金、政府购买服务等方式，积极培育和扶持社会组织发展，推动社会组织的发展和壮大，积极完善"共建共治共享"的社会治理制度和建设人人有责、人人尽责、人人享有的社会治理共同体，充分彰显了中国特色社会主义社会治理制度的新优势，城乡居民的获得感、幸福感、安全感更加增强。

本书系统研究了社会组织的功能定位、效率优势、经济贡献力、社会贡献力、增强社会经济贡献力的政策路径等问题，共分为5章，主要内容如下。

第1章：导论。主要论述了研究的背景和意义，阐述了研究的主要目标、主要思路、方法，并对国内外有关社会组织问题的研究进行了文献综述。

第2章：社会组织的功能定位和效率优势。首先，明确界定了社会组织的含义和公共责任，阐述了社会组织在提供社会服务方面的主要制度安排。其次，分析了我国社会组织的总体规模及变化，从级别构成、类别构成、地区构成等角度剖析了我国社会组织的构成变化。再次，基于经济活动中政府、社会组织的功能域，系统研究社会组织在经济活动、社会管理、社会服务中的角色、功能定位和效率优势。最后，在合作关系形成的基础上，分析政府和社会组织以公共利益为核心的分工合作关系，研究政府对社会组织的激励、约束和指导作用，重点分析如何优化社会组织、政府间的功能互补关系并构建社会组织与政府间的合作机制。

第3章：社会组织的经济贡献力分析。首先，深入研究了科技类社会组织、行业协会商会、农村社会组织等社会组织的经济行为及其特点。其次，结合各类社会组织的经济行为，从社会固定资产投资、社会组织增加值、社会组织产业发展、社会组织招商引资等角度分析各类社会组织的经济贡献力，并利用计量分析方法重点实证研究了社会组织不同因素对其经济贡献力的影响程度。再次，选取省级面板数据，考虑社会组织机构规模、社会组织全社会固定资产投资规模、社会组织增加值和影响经济贡献的其他因素，构建面板计量经济模型分析社会组织对经济贡献力的影响。最后，选取典型社会组织进行社会组织的经济贡献分析，并找出影响社会组织经济功能的关键因素。

第4章：社会组织的社会贡献力分析。首先，结合不同类型的社会组织，研究这些社会组织在民生建设（发展教育、扩大就业、救济扶贫、医疗救助等方面）、社会管理（处理社会治理危机、稳定社会秩序、保障群众权益、管理非公有制经济和灾害救助等方面)、公共服务供给(提供基础教育、基础科学研究、公共文化、环境保护、公共安全等各类公共服务)等社会发展领域中的社会贡献,重点分析了农村社会组织、社区性社会组织的社会贡献。其次,构建社会组织社会贡献力满意度评价的指标体系,开展社会组织社会贡献力的社会满意度调查研究,计算出社会组织社会贡献力满意度指数并做出科学评价。再次,全国性社会组织和具有较强区域辐射功能的典型社会组织进行社会组织的社会贡献案例分析,剖析社会组织在发展教育、科技服务、环境保护、医疗救助、扶贫开发等方面的活动情况和效果。

第 5 章:增强社会组织的经济社会贡献力的政策路径。首先,研究如何完善社会组织的数据采集和监测体系,并构建反映各级各类社会组织提供社会服务基本情况的数据库以实现对社会组织的动态管理。其次,研究如何完善社会组织法人治理结构,如何根据社会经济发展的需要重点培育和定向培育社会经济发展所需的社会组织,如何突破资金、人才、地域等瓶颈联合打造社会组织孵化基地,实现社会组织的权责明确、功能提升。再次,研究如何推进社会组织登记管理体制、社会组织去行政化、社会组织评估机制、社会监督机制等方面的社会组织管理体制改革,完善社会组织治理结构,提高社会组织的工作效能。最后,研究如何推动政府对社会组织职能转移、政府向社会组织购买服务机制建设、税收优惠政策的落实落地和社会组织能力建设,增强对社会组织的经济激励和提高社会组织的能力,从而能够更好适应社会组织职业化的需要。

本书的创新点主要体现在以下方面:

第一,基于"理论研究—实证研究和案例研究—政策研究"的研究维度,按照"效率优势分析—经济贡献力分析—社会贡献力分析—政策路径分析"的研究逻辑,将制度分析方法、比较分析方法、实证分析方法和案例分析方法有机结合起来,对社会组织的经济社会贡献力进行全面分析,在一定程度上既拓展了社会组织经济贡献力的研究路径,又丰富了社会组织经济社会贡献力的研究方法。

第二,基于制度分析和比较分析方法,融合制度经济学、新公共管理理论,对社会组织进行功能定位分析和效率优势比较分析,有关成果可为优化我国社会组织结构、完善社会组织管理体制和提升社会组织功能提供理论参考。

第三，借助于统计分析方法和实证分析方法从客观角度评价社会组织的总体经济贡献力和地区间社会组织的经济贡献力，并结合典型案例的个案分析方法评价社会组织在经济发展中的经济贡献情况及存在的制约因素，有关研究成果可为决策部门全面地了解我国社会组织的经济贡献状况、地区间的差别情况和影响因素情况提供实际决策参考依据。

第四，借助于统计分析、案例分析方法客观分析社会组织在民生建设、社会服务提供、社会管理、公共服务供给方面的社会贡献，并以天津市地区的社会组织为例，运用满意度评价方法从主观角度评价了社会组织在社会发展中的贡献力，相关研究成果可为决策部门了解和提升社会组织的社会贡献力提供决策参考依据。

第五，针对我国社会组织的实际情况，从改革社会管理体制、完善社会组织扶持政策、推进社会组织能力建设、优化社会组织结构等诸多方面提出了政策思路，为有关决策部门推进社会组织改革和创新社会组织管理体制提供政策参考依据。

由于学识有限，遗憾终究是存在的，呈现在各位专家面前的这篇著作，无论是结构上还是内容上可能存在一些不甚完善之处，真诚希望各位专家、学者提出宝贵的意见和建议。具体意见和建议可发送到作者的电子邮箱 tjktlxp@163.com。

本书在撰写过程中得到了南开大学、天津商业大学各位领导与专家、学者的指导和支持，作者在此对有关领导、专家学者表示衷心的感谢！感谢天津商业大学经济学院陆洲教授、孙云鹏博士提供的帮助，也感谢天津商业大学财政学硕士研究生孙国秀参与本书第 2 章、第 3 章的数据整理、文献研究方面的工作。

本书的出版还要感谢南开大学出版社王冰、周敏、张维夏三位老师在本书出版过程中提供的帮助！

目　录

表目录

图目录

第1章 导论

1.1 研究的背景和意义

根据民政部《2017 年社会服务发展统计公报》《社会组织蓝皮书：中国社会组织报告（2020）》和《中国统计年鉴 2021》的有关数据，我国社会组织单位数由 2004 年的 289432 个增加到 2020 年的 894162 个，2020 年的社会组织单位数约是 2004 的 3.09 倍。截止到 2020 年底，民办非企业性单位 510959 个，社会团体 374771 个，基金会 8432 个。我国社会组织在数量上持续增长，其活动覆盖教育、科技、医疗卫生、社会保障、环境保护、文化、体育、法律服务、扶贫助困、社会管理等诸多领域。

党中央对如何更好加强社会组织建设、发挥社会组织的作用进行了谋篇布局。党的十八大提出"加快形成政社分开、权责明确、依法自治的现代社会组织体制""强化企事业单位、人民团体在社会管理和服务中的职责，引导社会组织健康有序发展，充分发挥群众参与社会管理的基础作用"，党的十八届三中全会明确提出"要改进社会治理方式，激发社会组织活力，创新有效预防和化解社会矛盾体制，健全公共安全体系"，党的十九大提出"加强社区治理体系建设，推动社会治理重心向基层下移，发挥社会组织作用，实现政府治理和社会调节、居民自治良性互动"，社会组织体制建设已经上升为党和国家的发展战略。党的十九届三中、四中、五中、六中全会日益重视对建设中国特色社会主义社会治理体系的谋篇布局，不断强化党组织在社会治理体系、社会治理共同体建设和构建基层社会治理新格局中的作用，强调激发社会组织活力，彰显中国特色社会组织的政治优势和组织优势。

由于活动的公益性、活动范围的广泛性、志愿贡献和利他偏好的运作机制、服务社会公益事业和实现公共利益的公共责任，社会组织在社会经济发展中体现出日益明显的比较优势。在经济活动中，社会组织发挥着政府产业发展决策"参谋"、企业发展"智库"和行业发展"眼睛"的功能。

在社会治理网络中，社会组织充当着政府和社会公众之间的"桥梁"，在社会管理过程中发挥着"防火墙"的功能。公益性使得社会组织在社会治理创新方面有着比政府更为特殊的优势（朱颖慧、连玉明、邢旭东、张俊立，2018）。社会组织与政府之间形成了以公共利益为核心的分工合作关系，不仅成为多元化社会服务的积极供给者，也在构建社会利益协调机制、维护群众权益机制、突发事件预警机制、化解社会矛盾机制等社会治理领域发挥着积极的作用。2013 年以来，随着我国社会事业改革的持续推进和社会治理机制的不断创新，社会组织进入了逐步成熟和快速发展的新阶段。2016年中共中央办公厅、国务院办公厅印发的《关于改革社会组织管理制度促进社会组织健康有序发展的意见》提出"充分发挥社会组织服务国家、服务社会、服务群众、服务行业的作用"，明确了社会组织发展的总体目标是：到 2020 年，统一登记、各司其职、协调配合、分级负责、依法监管的中国特色社会组织管理体制建立健全，社会组织法规政策更加完善，综合监管更加有效，党组织作用发挥更加明显，发展环境更加优化；政社分开、权责明确、依法自治的社会组织制度基本建立，结构合理、功能完善、竞争有序、诚信自律、充满活力的社会组织发展格局基本形成。①民政部在 2021年 10 月发布的《"十四五"社会组织发展规划》明确了社会组织发展的主要目标及相关发展预期指标：到 2025 年，党建引领、统一登记、各司其职、协调配合、分级负责、依法监管的中国特色社会组织管理体制更加健全，政社分开、权责明确、依法自治的社会组织制度更加完善，结构合理、功能完善、竞争有序、诚信自律、充满活力的社会组织发展格局更加定型；社会组织专职工作人员数量达到 1250 万人，社会组织固定资产达到 5900亿元，获得 3A（含）以上评估等级的全国性、省本级登记的社会组织占其登记社会组织比例达到 25%，法人治理结构健全、无不良信用信息记录的社会组织占全部社会组织比例超过 80%，实现社会组织发展从"多不多""快不快"向"稳不稳""好不好"转变，从注重数量增长、规模扩张向能力提升、作用发挥转型。②

随着社会组织步入快速发展的轨道，其在经济社会发展中的影响力越

---

① 新华社. 中共中央办公厅 国务院办公厅印发《关于改革社会组织管理制度促进社会组织健康有序发展的意见》[EB/OL]. http://www.gov.cn/zhengce/2016-08/21/content_5101125.htm，2016-08-21.

② 民政部. 民政部发布《"十四五"社会组织发展规划》[EB/OL]. http://www.mca.gov.cn/article/xw/mzyw/202110/20211000037061.shtml，2021-10-08.

来越大。究竟社会组织的效率优势如何？社会组织的社会贡献、经济贡献怎样？如何因势利导提升社会组织的作用？这些问题是当前推进社会组织发挥作用方面必须要解决的关键问题。本书深入研究社会组织的效率优势、经济行为和社会活动，全方位评价社会组织的经济贡献力和社会贡献力，研究成果将为政府评价社会组织和引导社会组织发展提供一定的决策参考和理论指导作用。

1.2 相关研究综述

本书先采用 CiteSpaceV 对研究社会组织的文献中内含的共现关键词、研究热点、研究主题演进进行了计量研究（如图 1-1），基于主题聚类分析确定了社会组织研究的主要子领域，从理论上确定了社会组织的研究脉络，从而进一步确定了社会组织社会经济贡献力研究的理论基础。

从关键词知识图谱来看，关键词主要集中在社会组织、社会治理、社区治理、公共服务、政府购买、政府购买服务、合作治理、基层治理、协同治理、社会资本、体育社会组织等方面，关键词为新时代、精准扶贫、企业社会责任、国家治理、社区社会组织、多元主体的也比较多。

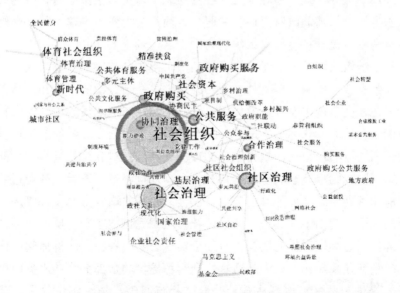

图 1-1 CiteSpaceV 的中国知网文献数据库共现关键词知识图谱

1.2.1 有关社会组织功能的研究

社会组织这种"第三部门"在自觉回应社会多样化、层次化的社会服务需求方面具有一定的比较优势，社会组织对社会服务的供给被认为是对政府供给和私人供给的有益补充。维斯博德（Weisbrod，1974）认为，社会组织是在私人和政府都不能满足公众的多样化需求的社会情景之中应运而生的，是专门提供集体类型物品的部门。汉斯曼（Hansmann，1980）认为，社会组织由于必须受到"非分配约束"，它不会为追求利润而降低品质，公共物品的生产若由这种社会组织完成，生产者的欺诈行为便会得到有力的遏制。维斯博德（Weisbrod，1986）认为，社会组织的出现是私人供给的市场失灵和政府对公共服务供给不足的结果。萨拉曼（Salamon，1987）认为，社会组织对公众需求的回应具备良好的弹性，社会组织和政府具有组织特征上的互补性，社会组织和政府可以通过合作来供给公共服务。王俊霞、李万新（2004）认为，随着社会经济活动的日趋复杂化，政府和私人企业在供给公共服务上存在着失灵的情况，第三部门（社会组织）是公共服务的重要提供者，拓展第三部门在公共服务供给中的作用，可以更好地满足公共服务需求。王名等（2001）、康晓光和韩恒（2005）、王诗宗和宋程成（2013）认为，政府主导建立的社会组织可以更多承接政府转移的某些公共服务职能，辅助政府提供公共服务，而社会力量主导建立的社会组织主要是有助于提升社会的自组织能力。王名、刘求实（2007）认为，社会组织从多渠道获取发展资源，在资源动员、提供公共服务、参与社会治理等方面具有重要作用。李培林（2013）认为，社会组织的角色和功能决定其能够在社会建设中发挥重要作用。张辉（2014）选取民族地区的农村社会组织进行研究，认为民族地区村民的参与程度、村委组织的运行机制及角色间关系的规范化、权力运作的环境是影响农村基层社会组织功能发挥的重要影响因素。季璐等（2016）认为，从世界范围来看，社会组织作为政府和营利组织之外的第三部门，在公共福利的增强方面发挥着越来越重要的作用。黄剑宇（2017）认为，社会组织凭借根植于基层、服务社会弱势群体或边缘性群体的优势，有助于实现公共服务在不同群体间的优质共享。张春花（2020）认为，适宜社会组织提供的那部分公共服务应由社会组织提供，主张加快形成政社分开、权责明确、契约协作关系。范斌（2020）、徐家良（2020）认为，社会组织的参与有效弥补了政府的服务空缺，是对政府力量的有效补充。

还有部分学者就社会组织在特定领域的功能作用进行了研究。李青青（2011）、张文惠（2016）、黄建（2017）、黄林（2017）、莫光辉和陈正文（2017）、彭小霞（2017）、周婉婷（2021）等研究了社会组织参与农村精准扶贫的作用，认为社会组织和政府社会组织密切合作，有助于推进精准扶贫目标的实现。赵家章（2014）研究了社会组织在区域扶贫助困方面的作用，认为社会组织可以在东西部地区的教育扶贫和民族地区的资金扶贫、技术扶贫等方面发挥重要作用。韦孜澄（2021）认为，在应对突发重大公共卫生事件中，社会组织可以有效整合社会资源，补充政府治理的不足。

1.2.2　有关社会组织管理体制的研究

蓝煜昕（2012）认为地方政府创新实践对我国社会组织管理体制改革具有推动作用，地方的创新实践推动了中央层次的社会组织管理体制的改革进程。王名、张严冰和马建银（2013）认为，只有分别从"政社分开""权责明确""依法自治"三方面稳步推进社会组织体制的改革、转型和重建，才能真正形成包括监管、支持、合作、治理和运行等体制在内的现代社会组织体制。詹轶（2015）认为现代国家的构建路径的变化影响了我国社会组织监管体制的转型，社会组织的新监管模式能否适应社会转型关键在于制度制定者对现行社会组织监管体制的改革意识及改革举措。谭志福（2018）阐述了我国社会组织管理体制的演化过程，认为在社会组织管理体制的演化过程中，制度、资源和社会需求是社会组织生存发展的外部环境，社会组织管理体制是决定社会组织生存发展的制度性要素，资源和社会需求则是影响社会组织发展的深层次原因。付娆（2018）主张在国家与社会之间、社会组织之间、社会组织与公众之间建立一种广泛合作关系，应该构建健康、开放的社会组织生态系统。张春花（2020）认为，应完善现代社会组织的管理体制，加强对社会组织的监管，明确社会组织服务国家、服务社会、服务群众、服务行业的服务功能定位。

1.2.3　有关社会组织发展的研究

对于社会组织发展的研究，主要集中在社会组织发展策略和社会组织的培育两个方面。冷向明、张津、敬乂嘉等对社会组织发展策略问题进行了研究，宋言奇、羊凡、张海、陈友华、祝西冰等对社会组织的培育模式、培育政策等问题进行了研究。

敬乂嘉（2016）采用典型案例研究了国家、地方的社会组织发展策略，揭示了发达地区采取的控制与赋权并重的混合型社会组织发展策略的逻辑和政策取向。冷向明、张津（2019）揭示了国家与社会组织之间"半嵌入性合作"的关系状态，即以双方非对称相互依赖、权力关系相对平衡的非依附合作，由于政府与社会组织不仅存在资源分散与功能差异，也存在优势互补，因而需要将各自的部分目标嵌入对方的运作中实现合作，最终形成了"半嵌入性合作"的关系。白启鹏、宋连胜（2019）认为，新时代实现社会组织的优势功能，要从提高党组织的覆盖率和加强与政府党政部门的联系两方面进行。徐家良（2021）认为，政府应提升社会组织的综合能力，保持社会组织权利和义务的对等性，促进社会组织在理念、结构、项目和行为等方面持续性创新，积极参与社会治理共同体建设。

陈友华、祝西冰（2014）认为应对社会组织实行有计划、有针对性的引导，可以将我国市场组织培育的经验借鉴到社会组织的培育中来。张海（2015）提出了行政式培育、拟社会式培育和社会式培育三种培育模式，行政式培育模式的主要特点是"人事不分、活动不分、财务不分、住所不分"，内生型社会组织是行政式培育模式下的主要培育对象；拟社会式培育在形式上实现了政府与社会组织的分离，政府购买社会组织服务，给予社会组织完全的资源保障，政府仍然对社会组织具有较强的行政影响力；社会式培育模式下符合条件的社会组织获得培育资源的机会均等，政府通过契约、引入竞争等手段规范培育资源配置，促进社会组织培育的服务化、社会化。宋言奇、羊凡（2017）在对苏南地区实地调研的基础上，剖析了社区社会组织在培育模式、培育政策、培育对象选择、培育方式等环节存在的诸多问题，并提出了丰富培育模式、放松资金限制、实施差异性政策、制定科学的培育对象选择标准、开设"菜单培育"、实施"终身培育"等社区培育策略。张春花（2020）提出通过购买服务、专业培训、公益孵化、项目运营、公益创投、建构网络、政策倾斜、必要经费支持等路径培育社会组织，促进其可持续健康发展。谭志福和赵云霞（2021）将我国社会组织培育的政策工具分为强制型工具、激励型工具、市场化工具和引导型工具四种，认为政府应该多元化选择政策工具，尤其是要加强市场化工具和引导型工具的使用及政府对社会组织的监督管理，进而加快社会组织的稳健发展。

1.2.4　有关社会组织治理的研究

张澧生（2014）认为，受传统观念的束缚、原有管理体制的影响及新运行机制缺失等因素的影响，我国社会组织的成长陷入体制性困境，需要通过培育公众公民参与意识、构建政府与社会组织的合作机制、创建社会组织的孵化机制、完善社会组织的法制体系等措施提升社会组织的治理能力。李维安（2015）认为，我国社会组织的治理改革呈现出高度"行政依附性"的行政型治理特征，与社会治理的改革深化和网络信息时代的社会治理变革不相适应，需要推动社会组织治理由行政型向社会型的转型。张清、武艳（2018）认为，包容性法治提供了现实而可行的社会组织规范治理的框架，不仅与多中心治理理论、多层次治理机理契合，也可以破解社会组织运行过程中的结构性瓶颈。

1.2.5　有关社会组织评估的研究

石国亮、李培晓（2013）认为，"行政化"倾向、社会公信力不足困扰着各类社会组织，应通过完善社会组织评估制度增强社会组织的公信力，评估指标设置和评估指标体系构建是社会组织评估的基础和关键，在评估指标体系中引入特色指标对于促进社会组织的健康发展具有重要作用。曹天禄（2015）认为，社会组织的评估面临着体制内外的"评估困境"，并基于深圳市社会组织的评估现状提出了相应的策略。陈建国、冯海群（2018）认为，社会组织评估所面临的问题包括技术、制度结构两个层面，而评估信息失真、评估公信力不高、评估风险集中化等问题的解决，需要加快实现社会组织评估制度结构的转换，构建开放、竞争的多中心制度结构。

1.2.6　有关行业协会发展的研究

胡辉华（2018）研究了行业协会的职能定位，认为行业协会面临的现实挑战问题决定了行业协会的组织运行逻辑，进而影响了行业协会的职能定位，行业协会对政府和会员企业的依赖不利于其策略性行动和战略性选择的主动性。罗文恩（2018）诠释了"依附工具""桥梁纽带""互益组织"等职能理论脱钩时代后行业协会的功能定位的局限性，在提出"共益组织"的概念基础上，探讨了"共益组织"与"互益组织"的联系和区别，论证了行业协会转向"共益组织"的路径。沈永东、虞志红（2019）分析了行业协会商会在联系政府、市场、企业之间的纽带作用，探讨了行业协会商会在解决贸易纠纷、监督政策执行、制定行业规则标准的特殊角色，也研究了行业协会商会在构筑民营经济发展平台、推动民营经济转型升级、拓展民营经济国际市场及优化民营经济营商环境中的特殊作用。曹胜亮（2019）认为，在现代市场经济体系下，行业协会可以发挥降低交易成本、促进行业自律的作用，能够提高民营经济的活力，促进民营经济的健康发展。王湘军、刘莉（2019）主要研究了互联网行业协会对网络综合治理体系建设的中坚作用，加强自治能力建设、法律与机制建设，可以提高互联网行业协会的"软约束"水平，进一步优化行业协会参与网络治理的环境。

1.2.7　有关政府购买服务责任的研究

斯塔林（2003）认为，政府责任的履行不但应该表现在对社会民众的需求做出回应，而且还应该表现在能够以公正、有效的方式来实现公众的需求。陈国权（2009）认为，政府是否有效履行责任，判断的依据并不在于政府是不是公共服务直接或唯一的提供者，关键在于政府如何规划、组织和引导公共服务的有效供给，且在服务质量、数量、多样性及灵活性上都能够使公众得到相当水准的满足。张海、范斌（2013）认为，政府购买社会组织服务已发展成为中国公共服务供给中的一项制度性共识。吴帆等（2016）认为，政府向社会组织购买公共服务改变了服务供给的主体，却并没有改变政府的责任本位。公共服务市场化把责任转嫁到了社会组织身上，导致难以确保政府责任的落实，公众满意度随之降低。作为主要服务提供者的社会组织行政特征浓厚而社会化程度不足，导致公共服务质量未能进一步提高。季璐等（2016）认为，从世界范围来看，社会组织作为政府和营利组织之外的第三部门，在公共福利的增强方面发挥着越来越重要的作用。

1.3　研究的主要思路和方法

1.3.1　研究的基本思路

本书借助于制度经济学和新公共管理理论从经济活动和促进社会发展两方面，比较分析了社会组织的功能定位和效率优势，在对社会组织经济行为分析的基础上分别从总体分析、地区差异实证分析、典型案例研究三个角度评价了社会组织的经济贡献力，基于社会活动情况、满意度评价和典型案例研究三个角度评价了社会组织的社会贡献力，最后提出了增加社会组织对经济、社会贡献力的政策思路。

1.3.2　研究方法

（1）制度分析和比较分析相结合

运用制度分析法深入研究了社会组织在经济和社会发展中的功能定位，运用比较分析法剖析了社会组织的效率优势。

（2）实证分析法

应用 Cite space 科学知识图谱对国内外文献进行计量分析，采用 Cosine 算法和中心性（Centrality）的算法，后者采用了中介中心性方法（Freeman，1977）。在对我国社会组织经济活动进行统计分析的基础上，选择 2002—2012 年我国 31 个省份反映社会组织经济活动、经济贡献的数据指标，构建面板数据的计量模型对社会组织的经济贡献力进行实证分析。

（3）案例研究方法

选取典型案例，从经济、社会两个方面分析社会组织在经济和社会发展中的贡献力情况，并剖析其中影响社会组织经济社会贡献的因素。

（4）调查研究和满意度研究方法

以天津地区为典型调查研究区域，在设计指标体系的基础上开展有关社会组织社会贡献力的满意度调查研究，以获得的数据构建统计模型开展社会组织社会贡献力的满意度评价研究。

第2章 社会组织的功能定位和效率优势

2.1 社会组织的界定与公共责任

2.1.1 社会组织的界定

2006 年中共十六届六中全会上通过的《中共中央关于构建社会主义和谐社会若干重大问题的决定》中正式提出"社会组织"这一概念。社会组织主要指那些相对独立于政府和营利组织之外，不以营利为目的，主要从事公益事业的一切志愿团体、社会组织或民间协会等组织。由于社会组织（social organization）活动范围广泛、方式各异，所以对非营利领域各种组织的称谓也不尽相同，如"第三部门"（the third sector）①、"非政府组织"（non-government organization，NGO）、"独立部门"（independent sector）、"慈善组织"（charitable sector）、"志愿者组织"（voluntary sector）、"公民社会组织"（civil society sector）等。这些称谓基本上包含了介于政府组织和营利性组织之间的一切社会组织，但各自有所侧重（吴东民、董西明，2003）②。

从性质上，社会组织大致可以分为官办性质的社会组织（如中国红十字会及其各级分会、全国妇联及其各级组织等）、半官半民或官督民办性质的社团或个体协会（主要是各类挂靠政府职能机构的社会组织）③、民

---

① "第三部门"这个概念是由美国学者莱维特（Levitt，1973）最先使用的，是指那些处于政府与私营企业之间的社会组织，所从事的是政府和私营企业不愿做、做不好或不常做的事。

② "第三部门"这一概念比较中性，强调的是独立于营利性组织和政府部门之外的其他社会组织；"非政府组织"的概念强调的是与政府部门相对应，由于这一概念可能包括营利组织，因而容易引起误解；"独立部门"的概念强调的是相对于政府组织和营利性组织而言的社会组织的独立性；"慈善组织"的概念强调的是组织的资金来源于私人慈善捐赠；"志愿者组织"的概念强调的是组织的运作与管理在很大程度上依赖志愿者；"公民社会组织"是社会领域的概念，其内涵、外延与"公共领域""第三部门"基本相同。

③ 周庆智. 官治与民治：中国基层社会秩序的重构[M]. 北京：社会科学文献出版社，2019：21.

办性质的非政府组织（公民的志愿性社团、协会、社区组织、利益团体和公民自发组织）。

因为社会组织的活动范围广泛、方式各异，所以社会组织应结合多种方法综合判别。一般来说，社会组织可以从以下方面进行判别：（1）从事公益事业，不以营利为目的；（2）组织的财产、净收入不对组织内部实施控制的个人（包括组织成员、管理人员、理事等）进行分配，完全用于为组织的进一步发展提供资金；（3）组织享受免税待遇。符合上述判别条件的组织可以界定为社会组织。

与政府和企业相比，社会组织的优势在于：（1）社会服务具有弹性和针对性，可以根据社会需求变化快速调整；（2）贴近社区和居民，对基层居民的需求比较了解；（3）服务不仅高效，而且其运作成本远远低于政府机构（丁元竹，2013）；（4）服务公益目标，不以追求市场价值为目标；（5）服务具有多样化和社会包容性，可以满足多样化个人需求。社会组织通常被视为除国家、市场之外的第三部门，可以弥补其他两者在公共服务、社会事务等领域的不足（俞可平，2006）。

社会组织的发展受社会价值观念、特定社会需求、社会治理结构的形态、社会关系结构等因素影响，其中社会价值观念形塑着社会组织的发展类型选择（社会使命决定社会组织类型），特定社会需求决定社会组织的作用空间，社会治理结构的形态（如运行方式是否公开透明等）影响着社会组织的运行方式，社会关系结构（如利益关系）影响着社会组织与政府、市场主体间的关系。

社会建设的关键环节在于社会组织的建设（李友梅、肖瑛、黄晓春，2012；吴建平，2012；李汉林、渠敬东、夏传玲、陈华珊，2005），社会组织的数量和活力通常被视为衡量社会发展水平的重要指标（陈伟，2020）。

20 世纪 90 年代，美国约翰·霍普金斯大学社会组织比较研究中心的萨拉曼（Lester M.Salamon）对全球的社会组织分析表明：世界上几乎所有的国家里，都存在一个由社会组织或非政府组织组成的庞大的非营利部门。这个部门的平均规模大约是：占各国国内生产总值（GDP）的 4.6%，占非农就业人口的 5%，占服务业就业人员的 10%，相当于公共部门就业人口的 27%。在非营利部门中，包括大量志愿者的参与，志愿者规模大约占到非营利部门总就业人口的 1/3（Salamon and Helmut，1999）。

2.1.2　社会组织的公共责任

社会组织是在利他偏好和志愿贡献的基础上开展活动的，往往关注的是社会公共性和人类共通性的问题，其主要目的就是要实现社会公共利益的最大化。因此，面对着社会中存在的种种社会问题和人们日益增长的公共需求，以社会公益事业为使命的社会组织便需要凸显其公共责任。社会组织的公益性、服务于公众的使命、资源汲取上所面临的约束更使得社会组织的公共责任成为社会所共同关注的核心问题。

从社会组织活动的性质、运作特点及实现目标来看，社会组织的公共责任不能仅限于法律或规则的限制与遵守、账目的完善管理，还要注重通过合理运用资金、提高工作品质与行动效果、重视工作对公共需求的适应性（自觉回应），实现公共利益目标和维持公共信任。罗切斯特（Rochester，1995）认为，社会组织的公共责任的范畴涵盖了适当运用资金的财务责任（fiscal responsibility）、遵守适当程序与规则的过程责任（process responsibility）、确保工作品质与行动效果的项目责任（program responsibility），以及重视工作的相关性与适应性之优先设置责任（responsibility for priorities）。其中，财务责任和过程责任侧重于遵守规则和避免不当行为，属于低层次公共责任；项目责任、优先设置责任强调项目效果和公共服务与公共需求的衔接，属于高层次公共责任。

一言以蔽之，社会组织的公共责任在于，在内部组织协调有效运作的基础上，自觉回应社会多样化和层次化的公共需求，有效供给社会服务以实现社会公共利益的最大化。党的十八届三中全会明确提出要激发社会组织活力，党的十九大报告也多次提到社会组织的积极作用。

2.1.3　社会组织提供社会服务的制度安排

（1）合约供给

虽然供给社会服务以满足公共需求是政府的责任，但是在有些情况下，政府无力、无法供给全部社会服务，甚至供给社会服务的成本很高。而社会组织在某些社会服务的供给中具有信息、成本、效率、监督等方面的优势，能够以十分灵活的方式满足社会及公众的异质性和特殊公共需求。因此，在政府已确定某些社会服务规模与质量的基础上对社会组织进行招标、承包，中标的社会组织按与政府签订的供给合同向社会供给社会服务，完成任务并达标者，可以得到合同约定的报酬。通过合约供给，既可以发挥社会组织供给社会服务的比较优势，又可以提高社会服务的供给效率及社会公众的满意度。合约供给涉及环境保护、社会保障、医疗救助、公共设施维护、监狱管理、垃圾处理等方面。

自 20 世纪 60 年代开始，西方国家的政府逐渐将一部分的社会服务供给权转移给社会组织。正如赫德森（1998）所言："'公域'曾作为'有效的'服务提供者，然而其显而易见的局限使世界各国的政府逐渐将具体的服务管理责任委托出去，学校、医院、大学及其他服务机构不断地被要求以独立的、非利润分配团体的形式进行运作，而不是在公共服务的支配下运作。这些团体渐渐发现它们之间必须为争取资金和服务对象竞争，并不得不使它们的资金来源多样化，以争得政府对它们的最高的拨款。当这一切发生时，它们开始变得像独立的非营利团体，最好转移到'第三域'。"[1]政府正在越来越多地通过与社会组织签约提供福利服务，就如萨拉曼（Salamon，1995）所说，政府和社会组织是伙伴，政府提供融资和做出决策，而社会组织则做实际工作[2]。

（2）特许经营

在特许经营形式下，由政府授予社会组织在一定时间和范围内经营某项社会服务的权利，并准许其收取一定的费用，政府主要通过合约或其他方式明确社会组织的权利和义务。特许经营涉及垃圾处理、救护车服务、报纸杂志、污水处理等领域。

（3）社区化供给

政府将社会组织引入社区，鼓励各社区建立公益事业，由社区组织自愿供给社会服务以满足公共需求。这种形式的特点是依据受益者所居住的地区或行业来供给社会服务，社会服务成本的补偿完全依赖于受益者的自愿贡献或社区社会组织依据民意的方式收取使用费。例如英国，政府将一些社会保障项目交给志愿组织、工人合作社和其他社会团体来承担，并在公共卫生、公共住房、学校午餐、私立教育等方面注意发展和依靠私营的志愿机构（Ray Robinson and Hen Judge，1986）。在澳大利亚，住宅的公社管理是社会和社区服务部门的组成部分之一（陈云卿，1996）。在加拿大，

---

① 李亚平，于海. 第三域的兴起：西方志愿工作及志愿组织理论文选[M]. 上海：复旦大学出版社，1998：57-58.

② 迈克尔·麦金尼斯. 多中心体制与地方公共经济[M]. 毛寿龙，李梅，译. 上海：上海三联书店，2000：6.

仅多伦多市，与社区有关的社会组织就有 3000 多个，服务领域涉及居民需求的方方面面，它们其中许多是根据特定目的形成的，也有许多是由扶弱助残的慈善机构演变而来的（马宏霞，2005）。

（4）与营利性企业的联合供给

社会组织与营利性企业可以建立协作关系来从事公益事业。例如，社会组织参与企业组织的公益推广活动，企业向社会组织捐赠。再比如，社会组织与营利性企业达成协议，由企业赞助某些社会公益服务项目。

2.2   我国社会组织的规模及构成

2.2.1   我国社会组织的总体规模及变化

社会组织的主体是在各级民政部门登记注册的各类社会团体、基金会和民办非企业单位这三类组织（刘金伟、唐军，2015）。20 世纪 80 年代以来，我国社会组织迅速成长并日益扩大，以每年 10%—15%的速度递增，各种各样的社会组织以其自身的优势，在诸如生态环境保护、消除贫困、农村发展、教育、卫生保健、医疗、妇女儿童保护、扶持中小企业发展、赈济救灾、人口控制、提供各种社会服务等领域取得了政府和市场无法取得的成效，在公共事务中的影响力越来越大。

1978 年以来，社会组织的数量总体上呈现为不断增长的特点，其中出现了两次发展高潮：一次出现在 20 世纪 80 年代中期的 1985 年，另一次发展高潮从 21 世纪初开始呈现（王名，2007）。根据《中国民政统计年鉴（2021）》的有关数据，"十三五"期间，全国社会组织从 2015 年 66.2 万家增加到 2020 年的 89.4 万家，较"十二五"增长 35.5%。受新冠肺炎疫情对全国经济社会各个领域的影响，加之《中华人民共和国民法典》对社会组织非营利法人的明确规定和《关于公益性捐赠税前扣除有关事项的公告》对社会组织规范性运作的细致规定，2020 年的全国社会组织总量比 2019 年增长 3.21%，但是增速下降了 2.77 个百分点。[①]社会组织总体规模的增长变化，在一定程度上反映了社会组织的发展水平及社会发展的活力。

根据图 2-1 和图 2-2，2010—2020 年期间，全国社会组织呈现显著增

---

① 黄晓勇，徐明，郭磊，吴丽丽. 社会组织蓝皮书：中国社会组织报告（2021）[M]. 北京：社会科学文献出版社，2021：1-38.

长的态势。社会团体由 2010 年的 24.5 万个增加到 2020 年的 37.5 万个（占社会组织总量的比例为 41.91%），民办非企业单位由 2010 年的 19.8 万个增加到 2020 年的 51.1 万个，基金会由 2010 年的 2200 个增加到 2020 年的 8432 个。

　　根据表 2-1 的数据，2018 年社会团体中工商业服务类 42510 个、科学研究类 14838 个、教育类 10102 个、卫生类 8707 个、社会服务类 49409 个、农村及农村发展类 64745 个、文化类 41835 个、体育类 33722 个；基金会中工商业服务类 224 个、科学研究类 504 个、教育类 1511 个、卫生类 177 个、社会服务类 2341 个、农村及农村发展类 86 个、文化类 295 个、体育类 42 个；民办非企业性单位中工商业服务类 5437 个、科学研究类 14665 个、教育类 240012 个、卫生类 30882 个、社会服务类 73024 个、农村及农村发展类 3060 个、文化类 26614 个、体育类 19986 个。

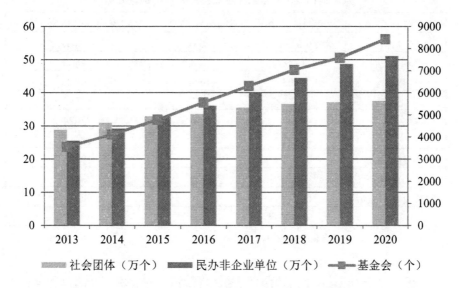

图 2-1　2013—2020 年我国社会组织情况

来源：《2017 年社会服务发展统计公报》《2020 年民政事业发展统计公报》

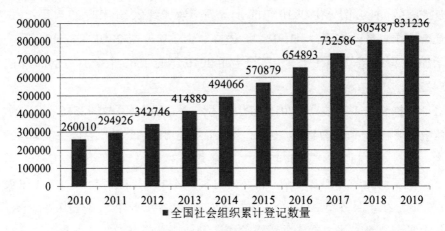

图 2-2　2010—2019 年全国社会组织累计登记数量

来源：根据民政部社会组织登记管理信息系统 http://data.chinanpo.gov.cn/有关数据整理而得。

表 2-1　2018 年社会组织按主要活动领域分类

指标	社会团体（个）	基金会（个）	民办非企业性单位（个）
合计	366234	7034	444092
科学研究	14838	504	14665
教育	10102	1511	240012
卫生	8707	177	30882
社会服务	49409	2341	73024
文化	41835	295	26614
体育	33722	42	19986
工商业服务	42510	224	5437
农村及农村发展	64745	86	3060
其他	100366	1854	30412

来源：《2018 年社会服务发展统计公报》

　　截止到 2019 年 6 月，我国社会组织总数 831236 个，其中民政部登记的社会组织数量 2301 个。就各城市的社会组织的数量而言，北京 9780 个，天津 1490 个，上海 15810 个，南京 14148 个，重庆 12019 个，成都 12013 个，哈尔滨 6113 个。①

---

① 数据来源: http://data.chinanpo.gov.cn/.

　　在图 2-3 可以看出，在 2019 年社会组织 TOP10 省份中，江苏的社会组织为 94606 个，广东 69807 个，浙江 55759 个，山东 52826 个，四川 45688 个，河南 41006 个，湖南 36377 个，安徽 31422 个，湖北 30445 个，福建 29675 个。其中江苏最多，福建最少，江苏是福建的约 3.19 倍。根据中国社会组织报告（2021）的数据，2020 年底全国社会组织总量位居前 10 的省份分别是江苏省、广东省、浙江省、山东省、河南省、四川省、湖南省、河北省、福建省、安徽省，其合计总量占到全国社会组织总量的 59.77%。

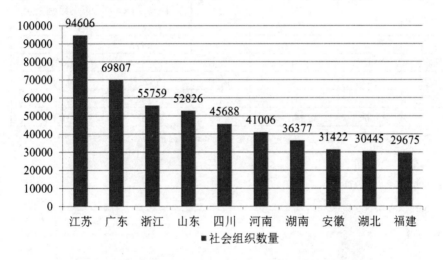

图 2-3　2019 年 TOP10 省份社会组织情况

来源：根据民政部社会组织登记管理信息系统 http://data.chinanpo.gov.cn/有关数据整理而得。

　　由图 2-2 还可以看出，2010 年全国社会组织累计登记数量为 260010 个，2012 年达到 342746 个，2013 年达到 414889 个，2015 年达到 570879 个，2016 年达到 654893 个，2017 年达到 732586 个，2019 年达到 831236 个，是 2010 年的约 3.2 倍。

　　根据《中国社会组织报告（2021）》的数据，截至 2020 年底，县（区）级行政主管部门登记管理的社会组织 681626 个（占比 76.23%），地（市）行政主管部门登记管理的社会组织 157384 个（占比 17.60%），省级行政主管部门登记管理的社会组织 52860 个（占比 5.91%），民政部登记管理的社会组织 2292 个（占比 0.26%）。

2.2.2　我国社会组织的构成

（1）我国社会组织的级别构成

由表 2-2 和图 2-4 可以看出，我国社会组织中，县级为 560716 个，所占比重 76.54%，所占比重最大；市级为 133354 个，所占比重 18.21%，县市级合计 94.74%；省级为 36218 个，所占比重 4.94%，省县市级合计 99.69%；部级为 2298 个，所占比重 0.31%。

表 2-2　2019 年我国社会组织的类别、级别构成

各级	社会团体	民办非企业性单位	基金会	社会组织总数	不同级别社会组织所占比重
县级	232808	326361	1547	560716	76.54%
市级	75406	56922	1026	133354	18.21%
省级	21444	11304	3470	36218	4.94%
部级	1984	101	213	2298	0.31%
合计	331642	394688	6256	732586	100%

来源：根据民政部社会组织登记管理信息系统 http://data.chinanpo.gov.cn/有关数据计算整理而得。

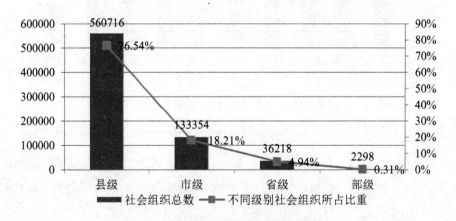

图 2-4　2019 年社会组织级别构成情况

来源：根据民政部社会组织登记管理信息系统 http://data.chinanpo.gov.cn/有关数据计算而得。

（2）我国社会组织的类别构成

由图 2-5 可以看出，我国社会组织中，民办非企业性单位 394688 个，所占比重 53.88%，所占比重最大；社会团体 331642 个，所占比重 45.27%，民办非企业性单位和社会团体合计 99.15%；基金会 6256 个，所占比重 0.85%。

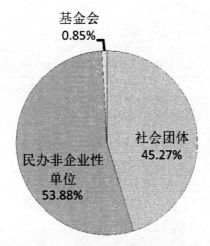

图 2-5　2019 年社会组织类别构成情况

来源：根据民政部社会组织登记管理信息系统 http://data.chinanpo.gov.cn/有关数据计算而得。

（3）我国社会组织的类别、级别构成综合分析

由表 2-2、表 2-3 和图 2-6 可以看出，县级社会组织中，民办非企业性单位 326361 个（占全国比重为 82.69%），社会团体 232808 个（占全国比重为 70.20%），基金会 1547 个（占全国比重为 24.73%）；市级社会组织中，民办非企业性单位 56922 个（占全国比重为 14.42%），社会团体 75406 个（占全国比重为 22.73%），基金会 1026 个（占全国比重为 16.40%）；省级社会组织中，民办非企业性单位 11304 个（占全国比重为 2.86%），社会团体 21444 个（占全国比重为 6.47%），基金会 3470 个（占全国比重为 55.47%）；部级社会组织中，民办非企业性单位 101 个（占全国比重为 0.03%），社会团体 1984 个（占全国比重为 0.60%），基金会 213 个（占全国比重为 3.40%）。

从全国范围来看，2020 年底县（区）级行政主管部门登记管理的社会组织数量最多，民政部登记管理的社会组织数量最少，但是民政部、省级行政主管部门登记管理的社会组织在资产规模、动员能力、业务素质方面均高于地（市）和县（区）级行政主管部门登记管理的社会组织。东部地区社会组织占全国的比重为 46.46%，西部地区的这一比重为 23.95%，中部地区的这一比重为 21.93%，东北地区的这一比重为 7.67%，仍然呈现区

域发展不够平衡的问题。①

表 2-3 2019 年我国各级各类社会组织的比重情况

各级	各级别社会组织在全国总数中所占比重	各级别社会团体在全国总数中所占比重	各级别民办非企业性单位在全国总数中所占比重	各级别基金会在全国总数中所占比重
县级	76.54%	70.20%	82.69%	24.73%
市级	18.21%	22.73%	14.42%	16.40%
省级	4.94%	6.47%	2.86%	55.47%
部级	0.31%	0.60%	0.03%	3.40%
合计	100%	100.00%	100.00%	100.00%

来源：根据民政部社会组织登记管理信息系统 http://data.chinanpo.gov.cn/有关数据计算而得。

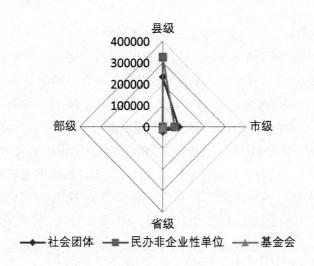

图 2-6 2019 年社会组织类别、级别构成的雷达图

来源：根据民政部社会组织登记管理信息系统 http://data.chinanpo.gov.cn/有关数据计算整理而得。

依据图 2-7，成立 1 年以下的社会组织 67860 个（所占比重 8.16%），成立 1—3 年的社会组织 160502 个（所占比重 19.31%），成立 3—5 年的社

---

① 黄晓勇，徐明，郭磊，吴丽丽. 社会组织蓝皮书：中国社会组织报告（2021）[M]. 北京：社会科学文献出版社，2021：1-38.

会组织 155954 个（所占比重 18.76%），成立 5—10 年的社会组织 228231 个（所占比重 27.46%），成立 10 年以上的社会组织 218689 个（所占比重 26.31%）。其中，成立 5—10 年的社会组织最多。

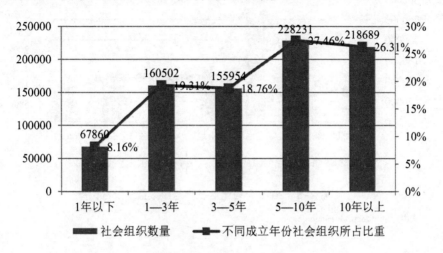

图 2-7　2019 年社会组织的成立年份及所占比重

来源：http://data.chinanpo.gov.cn/

　　由图 2-8 可以看出，华北地区的社会组织 81415 个（所占比重 9.79%），东北地区的社会组织 56026 个（所占比重 6.74%），华东地区的社会组织 306194 个（所占比重 36.84%），华中地区的社会组织 107863 个（所占比重 12.98%），华南地区的社会组织 103951 个（所占比重 12.51%），西南地区的社会组织 100026 个（所占比重 12.03%），西北地区的社会组织 75761 个（所占比重 9.11%）。其中，华东地区的社会组织最多。

　　我国社会组织在总体规模、发展水平、能力建设与运行管理体制机制等方面，与发达国家相比还有显著差距。根据王名（2015）的测算，我国每万人拥有社会组织的数量由 2006 年的 2.7 个提高到 2014 年的 4.5 个，与德国（133.3 个）、美国（67.8 个）、英国（40 个）、日本（38.5 个）等主要发达国家的这一指标有一定差距；我国社会捐赠占 GDP 的比重由 2006 年的 0.05%提高到 2014 年的 0.16%，超过日本（0.14%）、德国（0.13%），但是与以色列（1.29%）、英国（1.01%）、美国（0.62%）、瑞典（0.4%）、荷兰（0.37%）等国家也存在差距。①

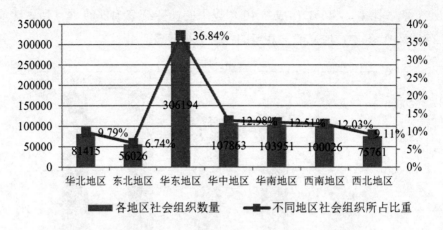

图 2-8　2019 年各地区社会组织数量及所占比重

来源：http://data.chinanpo.gov.cn/

2.3　社会组织的功能定位

2.3.1　经济活动中的功能定位

在市场经济条件下，社会组织是推进科技创新、优化资源配置、开拓国内外市场、规范市场秩序的重要组织载体，发挥着政府产业发展决策"参谋"、企业发展"智库"和行业发展"眼睛"的功能。

2.3.2　社会管理中的功能定位

党的十九大报告在"共建共享"的基础上进一步提出"打造共建共治共享的社会治理格局"，强调"加强社区治理体系建设，推动社会治理重心向基层下移，发挥社会组织作用，实现政府治理和社会调节、居民自治良性互动"（朱颖慧、连玉明、邢旭东、张俊立，2018）。社会组织是社会管理网络中的重要功能载体，充当政府和社会公众之间的"桥梁"，在社会管理过程中发挥着"防火墙"的功能。社会组织协同政府部门进行社会管理，有助于增强社会凝聚力和维持社会和谐稳定。

---

① 王名. 十二届全国人大常委会专题讲座第十八讲 方兴未艾的中国公益慈善：发展、改革与趋势[EB/OL]. 中国人大网 http://www.npc.gov.cn/npc/c541/201509/3de03073361c48d796dac47f5cfe0a3d.shtml，2015-09-07.

　　社会组织是承担社会治理责任的重要主体和依托，社会组织充分参与社会治理有利于维护社会的和谐稳定（曹胜亮、胡江华，2021）。社会组织作为独立于市场、政府之外的第三部门，能够有助于实现社会的自治与自我管理。在传统的社会管理模式下，居于管理中心的政府以垄断性行政权力为纽带，通过权威性的行政组织体系实现对全社会的垂直控制。在协同治理的社会管理模式下，社会组织是政府主导的多元社会治理体系中的一个重要主体，在社会管理网络中发挥着协同治理的作用。在社会管理体系中，以实现公共利益为行为准则的社会组织在政府和社会公众之间发挥"桥梁"作用，社会组织一方面将社会公众的诉求和期望值反映给政府，另一方面将政府的政策和目标值传达给社会公众，从而实现社会管理的有序化和社会公众利益的最大化。

2.3.3　社会服务提供中的功能定位

　　在人们的相互沟通、互惠心理及利他主义的作用下，蓬勃发展的社会组织能够自愿供给社会服务以满足人们不断增长和趋于多样化的社会服务需求。社会组织作为第三部门往往被赋予提供社会服务的职能，不同类型的社会组织可以最大范围地覆盖社会需求，为城乡居民提供专业化的公共服务（陈伟，2020），满足多元化的公共服务需求（刘春湘、江润洲，2021）。

　　20 世纪 80 年代以来，社会组织在环保、医疗、慈善、教育、治安等传统的政府活动领域发挥着越来越积极的作用。在社会服务供给领域，政府主要供给公共性和外部性比较强的典型公共服务；企业主要供给能满足消费者超额公共需求的社会服务，社会组织主要供给能满足特殊公共需求的公共服务。例如，美国政府通过直接资助或提供免税、减税等方式间接支持慈善组织、志愿组织实施卫生、教育和福利服务等项目，大约 50%的卫生、教育、福利服务交由社会组织负责。

　　社会组织拓展了社会服务的供给空间，发挥着社会服务政府供给的"替补者"功能，成为公共服务的政府供给和市场供给的有益补充。德鲁克（Drucker，1990）认为，政府履行社会职责的能力是极为有限的，而社会组织可以发挥巨大的作用，在功能上可以弥补政府的社会服务供给不足。在政府主导的社会服务供给体系中，各类社会组织可以基于城乡居民多元化的公共需求，以灵活的方式提供各类社会服务。社会组织利用自身的社会服务资源，可以面向老人、儿童、残疾人、收入贫困群体、优抚对象等提供社会救助和福利服务，可以向特定人群提供医疗卫生服务、教育培训服务、科技培训服务，可以向大学生、下岗职工提供就业培训服务。例如，嫣然天使基金会对唇腭裂婴儿的免费医疗、中国残疾人联合会对残疾人的生活救助、中华慈善总会对受灾者的灾害救济，都是对政府社会服务供给不足的有效弥补。从 2003 年抗击非典疫情时期到 2020 年以来的新冠肺炎疫情防控时期，社会组织在应对重大公共卫生事件上发挥着重要作用（韦孜澄，2021）。

2.4 社会组织的效率优势

2.4.1 经济活动中的效率优势

在经济发展中，相对于政府的直接管理和市场经济主体的自我约束，行业协会商会、农村社会组织等社会组织在维护行业秩序、聚集碎片化资源、满足多样化服务需求、提升产业发展水平方面有着更高的效率优势。

社会组织利用其扁平化的组织结构优势和独特灵活的运作机制，能够有效聚集和整合经济发展所需的投资资金、技术资源、人力资源和市场组织资源，进一步补充经济发展所需的资金，加快行业的发展、市场的拓展和技术的升级。社会组织利用其组织的管理优势、信息优势和技术优势，在政府、企业、行业间牵线搭桥，促进三者的交流合作，不仅能够实现行业间、地区间的协同发展，也能帮助企业优化调整产业结构和开拓国内外市场，扩大产品优势、品牌优势和技术优势。社会组织将其政府"参谋"、企业"智库"和行业"眼睛"的功能有机结合，能够最大化发挥社会组织在经济发展中的助推作用，起到政府经济发展"手臂"的作用。

从表 2-4 中可以看出，在珠三角五市之中，广州、深圳两地的社会组织的发展数量增长较快，尤其广州地区的社会工作类社会组织获得了快速的发展（徐盈艳，2018）。

表 2-4 珠三角五市 2009—2016 年社会工作类社会组织的数量（单位：个）

年份	2009	2010	2011	2012	2013	2014	2015	2016
广州	13	43	71	152	217	267	365	417
深圳	38	43	55	58	100	122	138	166
东莞	0	4	7	7	19	28	37	41
佛山	0	3	4	29	71	77	114	145
珠海	1	7	8	8	16	40	54	63

来源：张跃国，尹涛. 广州社会发展报告（2018）[M]. 北京：社会科学文献出版社，2018：129-143.

2.4.2　社会管理中的效率优势

社会组织秉承实现公益性目标，以服务公众和谋求公共利益为使命，借助于其扁平化的社会组织结构、灵活的运作机制、良好的群众基础和有效动员社会资源的能力，在社会管理体系中延伸服务触角，在群众之间、群众与政府之间、企业与政府之间、企业与群众之间构建化解矛盾的"缓冲带"。2016 年全国社会组织创造社会就业岗位 763.7 万个，占全国第三产业就业人数的 2.26%；接收各类社会捐赠 786.7 亿元，占全国社会捐款的95.1%①。2017 年，广州市在第四届社会组织公益创投活动中通过与中国扶贫基金会、腾讯公益合作，推动 53 个项目上线联合劝募平台，共募集资金722 万元。

社会组织协同政府参与社会管理，引导社会公众和市场经济组织自愿融入各种社会事务管理中，有助于、有利于应对当前社会出现的劳资矛盾、征地拆迁利益矛盾、流动人口所引发的利益矛盾等社会不稳定现象，保持社会稳定。

2.4.3　社会服务提供中的效率优势

社会组织这种"第三部门"在自觉回应城乡居民多样化、层次化的社会服务需求方面具有一定的效率优势。萨拉曼（Salamon，1987）认为，社会组织对公众需求的回应具备良好的弹性，社会组织和政府具有组织特征上的互补性，社会组织和政府可以通过合作来提供公共服务。汉斯曼（Hansmann，1980）认为，社会组织受到"非分配约束"，它不会为追求利润而降低所提供的公共服务的品质。

相对于政府的垄断性供给和市场经济组织的商业性供给，公益性的社会组织不以营利为目的，其对社会服务的志愿供给依赖于对城乡居民公共需求的回应性和城乡居民对社会组织的满意度。社会组织对城乡居民人性化、回应性地提供社会服务，不仅能够最大化满足城乡居民异质性的多元化公共需求，也能够持续提高社会服务的质量和效率。政府通过服务外包、政府购买等制度安排形式将社会服务交由社会组织提供，也可以降低社会服务的成本和提高社会服务的质量。

民政部与财政部于 2012 年联合发布的《民政 财政部关于政府购买

---

① 张跃国，尹涛. 广州社会发展报告（2018）[M]. 北京：社会科学文献出版社，2018：244-257.

社会工作服务的指导意见》、国务院办公厅发布的《关于政府向社会力量购买服务的指导意见》，以及《财政部 民政部关于支持和规范社会组织承接政府购买服务的通知》《民政部关于进一步加快推进民办社会工作机构发展的意见》，要求在全国范围内推进政府购买服务，放宽民办社会工作机构的登记准入标准，进一步发挥政府购买服务和民办社工机构在推进社会服务和治理体系改革中的重要作用（徐盈艳，2018）。2003 年上海市浦东新区开始探索政府购买社会工作服务，期望由专业机构和人员提供社会服务。2007 年以后，深圳在全市范围内铺开政府购买社工岗位的服务，广州于2007 年开始试点，在 2009 年以后逐渐由政府购买家庭综合服务中心项目的服务。

从表 2-5 中可以看出，在珠三角五市之中，广州、深圳两地的社会组织的政府购买经费投入资金增长较快，尤其深圳的社会工作类社会组织获得了快速的发展（徐盈艳，2018）。2016 年广州市财政累计投入 2085 万元对 143 家民办社会组织进行一次性资助，累计投入约 72 万元对 8 家民办社会组织的项目实行以奖代补[①]。

表 2-5　珠三角五市 2009—2016 年政府购买经费投入资金（单位：万元）

年份	2009	2010	2011	2012	2013	2014	2015	2016
广州	1544	5585	7000	29500	33300	33105	32770	35849
深圳	6014	9972	12845	16145	27190	41379.4	36914	49665
东莞	338	1484	3756	5077	8800	8208	7362	18000
佛山	93	496	957	1309	5426	5146.2	16000	18000
珠海	—	54	198	300	2080	2197	4196	4926

来源：张跃国，尹涛. 广州社会发展报告（2018）[M]. 北京：社会科学文献出版社，2018：129-143.

北京市是国内较早通过发展社会组织来增加公共服务供给多元化的城市。2008 年 9 月，北京市委发布了《关于加快推进社会组织改革与发展的意见》，对社会组织管理体制、工作机制和保障体系的建设提出了要求。2009 年 3 月，北京市开始将性质相同的社会组织联合起来构建"枢纽型"社会组织工作体系。北京市民政局制定了《政府购买社会组织服务项目管

① 张跃国，尹涛. 广州社会发展报告（2018）[M]. 北京：社会科学文献出版社，2018：19-143.

理办法》《政府购买社会组织公益服务项目工作实施方案》，并在《北京市政府购买社会组织公益服务项目目录》中明确了项目评审指标、购买方式、职责分工等，以及对项目选择、资金管理、绩效评估等环节的操作方式（彭婧，2018）。

2.5　社会组织与政府的关系

崔开云（2011）将社会组织与政府之间的关系分为四种：一是政府控制社会组织，政府部门在公共服务方面占据垄断地位；二是社会组织制衡政府，社会组织在公共服务方面发挥主要作用；三是政府与社会组织互不干涉，各自在限定领域开展公共服务；四是政府与社会组织是合作伙伴，政府普遍将公共服务外包给社会组织。这四种关系中，政府和社会组织的合作伙伴关系最受青睐，萨拉蒙将其称为"新治理"模式。安灼拉（Bernard Enjolras，2009）认为，在复杂多变的治理环境下，应该全方位、多角度、综合地、动态地思考政府与社会组织等主体多元互动的"伙伴关系治理"问题。

2.5.1　以公共利益为核心的分工合作关系

尽管政府和社会组织在社会服务供给中的目标有所差异，但是对于增进社会公共利益、实现公共价值的目标基本是一致的，只不过政府和社会组织之间的分工不同，这是政府和社会组织两者合作关系形成的基础。

（1）政府与社会组织的优势互补

民间性和草根性的组织特性、扁平化的治理结构、灵活多样的运作机制及项目化的管理方式，能够使社会组织在满足公民多样化需求方法具有效率优势；公益性的活动特性、社会信任感的凸显，能够促使社会组织具备良好的社会动员能力和资源整合能力。社会组织在社区化供给中具有高效性、优质性，还可以通过自筹资金与自主治理合约等方式有效解决一系列社会公共问题，是一种较好的社会利益整合机制。

尽管政府、社会组织有着各自的比较优势和供给能力，但是任何单一的供给主体都无法实现公共服务的有效供给。政府的供给虽然可以节约公共服务的价格发现成本、融资成本、监督成本或规制成本等交易成本，但随着公共服务供给规模的扩大，信息不对称、机会主义行为和资产专用性等会加大公共服务供给成本。社会组织的供给虽然能够节约机会主义行为和资产专用性带来的公共服务供给中的交易成本，但是不可避免地产生了公共服务的融资成本、监督成本或规制成本等。政府与社会组织建立伙伴关系，在一定程度上可以规避政府能力的短板，调动社会组织的积极性。政府与社会组织合作能够凸显各自的优势，有效地获得单一主体无法取得的各类资源（Brinkerhof，2002）。例如，社会组织在公共物品供给领域具有突出的灵活性、专门性，政府可以借助社会组织的力量提供公共物品，从而更好满足公民多样性的公共物品需求。伯顿·韦斯布罗德构建了"供给—需求"理论解释社会组织与政府在公共物品供给中的相互替代的关系（Weisbrod，1988）。

（2）政府与社会组织的良性合作

面对公民需求日益分化、社会利益格局凸显多元的新形势，社会组织与政府之间应该基于法治框架和公共利益目的建立稳定的良性合作关系。由于经济社会快速发展、社会转型日益加快、社会利益分化和社会服务需求日益多样化，社会组织侧重于社会建设、社会管理、社会治理、公共服务、公益事业、公共品提供、扩大群众参与等方面，积极发挥社会自我调节、反映群众诉求、规范公民行为、协调利益关系、重建社会秩序、促进权益保障等方面的作用。

为了满足多元化的公共需求和实现社会公共利益，政府积极联合市场主体、社会组织，结成伙伴关系协同供给公共服务，保证社会及公众的公共需求得到最大限度的满足。在这个协同供给体系内，政府主要供给少数纯公共服务，社会组织主要供给能满足特殊公共需求的公共服务。这种多元化的供给主体网络体系有助于调动政府、社会组织及公民个人的积极性，能够丰富公共服务供给的数量，提高公共服务的质量。

社会组织的优势之一就是善于与政府部门交流、与企业合作、与社会公众对话，通过政府引导、社会协同的方式，在社会组织之间、政府与社会组织之间、社会组织与社会公众之间建立广泛的合作交流关系，甚至在相关服务领域建立跨地区的合作平台，实现资源整合、相互协作、共同行动和优势互补。

莱斯特·M.萨拉蒙（2008）提出，政府可委托社会组织提供公共服务，政府提供资金支持，社会组织负责提供服务，政府与社会组织合作可以产生最好的社会效果。[①]例如，政府引入"购买服务"机制，使得公共服务从

---

① 莱斯特·M.萨拉蒙. 公共服务中的伙伴——现代福利国家中政府与非营利组织的关系[M]. 田凯，译. 北京：商务印书馆，2008：35.

行政性生产转变为市场性生产，不仅增强支持社会组织发展的积极效应，同时对于政府部门的行政管理运行也会产生相应的示范作用[①]。

（3）分工协作中政府的主导作用

在政府与社会组织的分工协作中，应发挥政府主导作用，并基于不同服务主体的优势进行分工协作，明确责任边界。构建政府与社会组织的协作平台，采取"竞争性购买策略"，吸纳专业化社会组织的专业服务能力（杨宝，2014）。随着技术条件、公共服务需求状况、政府供给能力、市场组织发展等因素的变化，也会导致公共服务属性的变化和供给边界的变化。因此，政府、市场主体和社会组织之间也存在竞争关系。伍思诺（Wuthnow，1991）认为政府、私人市场和社会组织在为公众提供相同或相似的公共服务时，会存在激烈的竞争。

2.5.2　政府对社会组织的激励、约束和指导

（1）为社会组织提供产权保护

按照阿尔钦（1994）的定义，产权是一个社会所强制实施的选择一种经济品的使用的权利。明晰的产权可以提供将外部性内在化的激励，使产权所有者形成对产权的良好预期。在以政府为主导的多元化供给体系中，当政府和社会组织在对公共服务进行互补性供给时，如何确定公共服务产权且进行有效保护至关重要。这是因为，在公共服务多元化供给中，各方都能为公共服务进行投资，由于公共服务投资的专用性，各方讨价还价问题不可避免地要出现，此时就可能导致公共服务供给或公共服务投资的不足。所以说，在多元化供给体系中，政府要明晰公共服务特别是准公共服务的产权，并通过一系列制度安排来保护产权的行使，这样才能保护产权拥有者对公共服务生产剩余的索取权，防止其他主体对公共服务收益的挤占。只有这样，才能对社会组织供给公共服务产生足够的激励，才能保证公共服务的有效供给。

（2）为社会组织提供激励

诺曼·尼科尔森认为，"政治过程在任何情况下都将通过对关键性经济制度的影响来塑造私人的选择"[②]。政府通过适当的制度安排，可以为社会

① 邹文开，王婴，赵红岗. 社会服务研究（第四辑）[M]. 北京：社会科学文献出版社，2017：55-65.

② V.奥斯特罗姆，P.菲尼，H.皮希特. 制度分析与发展的反思——问题与抉择[M]. 王诚，等译. 北京：商务印书馆，1992：32.

组织某些公共服务提供制度激励。

由于社会组织是在利他偏好和志愿贡献的基础上进行公共服务供给的，所以政府对社会组织应采取更多的税收激励政策。①在明确界定社会组织免税资格的基础上，依法保障社会组织的税收优惠享有资格；②在严格区分社会组织收支性质的基础上，规范社会组织的税收优惠政策，对于其非营利性收入给予税收优惠，而对于非公益性支出依法征税；③为充分实现国家对社会组织的激励目标，对于运行规范、符合税收优惠条件的社会组织，不仅要给予减免所得税和增值税的税收优惠，还要给予减免房产税、城镇土地税用税、城市维护建设税的优惠，以激励社会组织志愿供给公共服务的积极性。

（3）对社会组织提供制度约束和引导

由于种种因素的影响，社会组织在供给公共服务时存在着失灵问题。因此，需要政府以公共利益为依托，对社会组织进行制度约束和引导。

由于社会组织自身能力的限制，在供给公共服务中存在着资金、管理、监督等困境问题，影响着一些特殊公共服务的供给，因此也需要政府给予支持和引导。政府可以通过资金支持、信息交流、组织监督来促进社会组织对公共服务的有效供给。例如在 20 世纪初至 20 世纪 70 年代的美国，政府直接或间接地支持了大批社会组织的成立，特别是 1943 年税制改革后，政府的经济实力大增，对社会组织的资金支持力度不断加大，社会组织的数量和规模都有了空前的发展（王昊，2015）。

2.5.3　社会组织与政府的合作机制

（1）退出—补位机制

在服务型政府建设过程中，政府职能的转移要和社会组织的补位赋权对接起来，建立起新型的政府与社会组织的互动关系。政府对某些公共事务领域的退出，社会组织应及时补位，并由政府赋权，切实承担起公共服务供给职能或自治职能。政府不该管、管不了、管不好的职能，应由社会组织承接，政府则通过对社会组织的法治管理、公共政策指引、公共服务标准制定、公共服务评估监督等提高公共事务管理、公共服务供给的质量。

（2）掌舵—划桨机制

政府是公共服务的最好供给者，由政府直接组织生产、供给公共服务是理所当然的事。政府为实现公共利益和社会福利的最大化，利用自身的权威性和行政机制的强制性，不仅供给最基本的纯公共服务以满足人们的公共需求，还通过公共选择、公共政策调节、公共管理等机制为公共服务供给提供一种制度环境，从而形成公共服务供给的良好秩序。

在任何时期，公共服务需求是无限的，而政府财政能力却是有限的，政府财政能力的有限性限制了政府供给社会服务的范围（曾国安，2000）。对于多元化、多层次社会服务需求的满足，政府不可能、也没有必要实行全方位的公共服务供给和管理，而是应将社会组织引入公共服务领域，政府只需要"掌舵"，不需要去"划桨"，"划桨"的具体事宜可以通过契约机制赋权给社会组织。各类社会组织承担具体的社会管理和社会服务项目，接受政府监管和第三方评估，政府负责社会管理与公共服务政策制定、监管和评估。政府通过政策激励引导社会组织承接公共服务，在政府与社会组织之间形成"服务购买者—服务供给者"的关系，服务标准的制定、服务质量的监督则是由政府实施，社会组织按照标准提供公共服务。对于那些公共性和外部性比较强的纯公共服务，仍然是需要政府直接生产和供给。

（3）决策—参与机制

在保留"掌舵"权的公共决策问题上，政府应该加强与社会组织的合作。特别是在涉及行业或公众重大利益的决策方面，政府应通过政策咨询、项目论证和决策旁听等方式，充分吸收相关行业或专业领域的社会组织参与。掌舵—划桨机制并不意味着政府只"掌舵"、社会组织只"划桨"，社会组织是政府和公民个人之间的桥梁纽带。

根据雪莉·阿恩斯坦的"公民参与阶梯理论"，将公民个人的参与程度分为操纵和训导（无参与）、通知和咨询（表面参与）、公示（高层次表面参与），以及合作、授权和决策（深度参与）四个等级。公民的参与程度是影响社会组织绩效的重要指标，而社会组织对社会服务供给决策和公共事务决策的参与程度是影响社会治理和公共事务管理的重要因素。

社会组织是社会力量集体行动的组织载体，是社会公众分散发声的传声筒，社会组织将汇总提炼出来的公共话语传递给政府，是政府倾听民意的重要渠道[1]。在社会服务供给决策和公共事务决策环节，社会组织积极、有序地参与政府的政策制定环节，搭建公民个人利益需求充分表达的平

---

[1] 连玉明. 北京街道发展报告 No.2 金融街篇[M]. 北京：社会科学文献出版社，2018：204-219.

台，将公民个人的利益需求及偏好次序反馈给政府相关部门，推动"掌舵"的政府倾听和吸收不同社会公众的各种利益需求，促使政府制定的决策方案能够满足社会公众的不同利益需求，也提高了社会服务供给的效率和社会治理的效果。

第3章 社会组织的经济贡献力分析

中共中央办公厅、国务院办公厅印发《关于改革社会组织管理制度促进社会组织健康有序发展的意见》明确了社会组织在经济发展领域的功能，将其与社会发展领域的功能放到了同等重要地位。

3.1 我国社会组织经济贡献力的行为分析

据美国霍普金斯大学对美国等 36 个国家的分析统计，社会组织的平均就业人口占经济活动人口的 5%，占服务行业就业的 10%，总支出占这些国家 GDP 的 5.4%（顾朝曦，2014）。社会组织通过发挥其专业、信息、人才、机制等方面的优势，能够做企业做不到、市场不想做、政府做不好的事情，成为促进经济转型升级和经济快速发展的重要"催化剂"和"助推器"。

3.1.1 科技类社会组织的经济贡献力

科技类社会组织是自然科学、技术科学领域从事科技工作的个人或团体自愿成立并依法登记（备案），旨在促进科学技术发展或普及科学技术的非政府、非营利性、自主管理、非党派性质的科普性、学术性社会团体。这类社会组织可以直接进行技术研发，产出创新成果或采用新技术、新方法服务产业经济。

科技社会组织在科技组织中是相对于政府科技部门、企业科技部门的第三部门组织，能够结合自身专业优势满足社会科技需求，为企业、高等学校、科学技术研究开发机构等创新主体提供人力资源培养、知识产权申报、科技政策咨询、科技企业孵化、创业风险投资等方面服务，促进产学研融合，推动产业创新发展（肖淑云、焦杨，2018）。在联合国获取经社理事会咨商地位的 2600 多个社会组织中，就有 35% 是科技社会组织，如世界生产力科学联盟、俄罗斯自然科学协会、矿业科技协会、世界工程组织联盟等科技社会组织（张风帆，2015）。

（1）向政府提供科技产业发展的决策咨询服务

经济发展方式的转变和经济结构的升级调整对于政府的产业发展决

策提出了更高的要求，导致政府对科技类社会组织的服务需求显著增加。由科技类社会组织为政府的产业发展政策、技术创新政策、技术服务产业化政策、绿色经济发展政策、重大科技发展战略等提供决策咨询服务，不仅可以提高政府科学决策的能力，更能助力我国经济发展走上绿色、循环、低碳之路。例如，2012 年底时全国生产力促进中心数量已达 2381 家，不仅成为政府、生产力中心、企业之间的桥梁，更是对政府科技决策发挥着重要作用。

（2）承接政府部分科技服务职能

科技类社会组织利用其智力资源承接政府的部分科技服务职能，如科技交流与合作、技术经济安全性评估、科技成果转化与推广、技术标准的制定等。政府将这部分科技服务职能委托给科技类社会组织承担，不仅有利于提高了这部分科技服务的质量，也有利于政府集中精力做好经济工作。1987 年成立的深圳市科技开发交流中心受政府委托承担了对外科技交流与合作、科技展团海外参展、"深港创新圈"建设、科技情报研究、创新资源平台建设等服务事项。深圳市科技开发交流中心承办的"中国深圳"科技展团积极为深圳市的科技企业开拓海外市场和开展国际科技交流合作提供专业服务。

（3）向企业提供技术研发服务

绿色、循环、低碳的产业发展之路依赖资源节约替代技术、材料替代技术、材料回收利用技术、能量梯级利用技术、节能减排技术的研发和推广，这将为企业带来较大的技术创新压力。由科技类社会组织利用自身的技术优势，为企业提供技术咨询、技术诊断服务，帮助企业解决技术创新中遇到的关键技术问题，可以有效提升企业的技术实力。科技类社会组织为企业提供有针对性的技术攻关服务，并承接企业的重要技术研发项目，有助于提升企业的科技创新水平、完善企业的科技创新体系，最终提升企业的核心竞争力。

作为广东省产业重大创新平台之一的华南家电研究院，下设综合测试服务中心、快速成型工程中心、微波技术研发中心、电子控制技术研发中心、纳米材料和新型显示器研发中心、智能家电研发中心、工业设计中心、开放实验室等 13 个研发中心，不仅面向家电制造企业提供检验检测、能效认定等科技服务，也积极开展家电行业的关键技术服务和共性技术重大项目的技术攻关。

（4）促进科技成果的转化应用

科技类社会组织基于创新需求和科技成果转化的现实需要，开展多层次的创新交流活动、科技成果转化交流活动，促进产学研各要素的互动合作，在此基础上搭建产学研联合创新平台和成果转化应用平台。这不仅促进了产学研各要素的整合，也推进了科技成果向现实生产力的转化。

深圳的清华大学研究院、中科院深圳先进技术研究院、华大基因研究院、光启高等理工研究院等科技类社会组织将科技、产业、资本等要素有机结合，促使科技研发、产业发展和经济效益相互融合，有效发挥了搭建产学研联合创新与研发平台、聚集自主创新要素的功能。2010 年成立的深圳光启理工高等研究院具有研发平台和产业平台的优势，积极推进材料技术交叉学科的创新和超材料技术的产业化，到 2012 年 7 月，不仅获得了全球超材料相关技术 85%以上的底层技术专利和应用专利，也投产了全球首条超材料生产线。

（5）实现产业发展中的"人力资本"聚集

科技类社会组织能够为各类科技创新要素的融合、各类科技人员的合作交流搭建平台，因而容易成为科技人才聚集的"大本营"。当科技类社会组织实现对科技人员的全覆盖时，借助各种科技交流活动促进科技人力资本的聚集，有利于优化整合各类科技人力资源，为自主创新和产业发展提供急需的各类科技创新人才。科技类社会组织利用自身聚集的人力资本优势，通过合作、引荐、培训、交流等途径为各类新型战略产业领域的企业提供各类科技创新人才，促进高端科技人才向企业的聚集，实现智力、技术和产业的融合，不仅有助于提升企业的科技创新水平，也有利于产业发展的优化升级。

3.1.2　行业协会商会的经济贡献力

行业协会商会是同类经济组织或企业自愿成立并依法登记，旨在维护共同合法权益、提供行业服务、规范行业行为，并实行行业自律管理的非营利性社会团体。行业协会商会是市场经济中联系政府与企业的桥梁和纽带，在加强对企业（商户）政策引导、信息沟通、协调服务及密切企业与企业、企业与政府之间的相互关系中发挥着重要作用（刘友佺、周艳，2015）。

2019 年 11 月底，依法登记的行业协会商会数量达到 12 万个。[①]行业

---

① 数据来源：https://news.12371.cn/2014/05/30/ARTI1401412151713756.shtml 和 https://www.castscs.org.cn/article/175387.

协会商会在规范行业发展、开拓市场、维护行业合法利益和提升行业发展潜力等方面做出了积极的贡献。

（1）规范行业发展

①完善和监督执行行业有关标准

依据行业发展情况协助政府适时制定或修改行业的技术标准、行业标准、市场准入资格，结合企业需求、行业特点制定相应的行业规范，并监督这些技术标准、行业标准、行业规范的执行。2012 年，全国性行业协会商会参与标准制定 5549 项，参与国际标准、规则制定 202 项。2013 年 8 月，为优化麻纺织品的标准体系结构和发挥先进合理技术标准的作用，中国麻纺行业协会对我国麻纺织品的技术标准进行了修订。为维护家居企业和消费者的合法权益，2014 年天津市家居商会起草了《天津市家具买卖合同》，涉及家具的基本情况、质量标准、付款方式、交货及验收、定做家具的要求、三包责任、违约责任、市场主办单位的责任、争议解决方式及其他约定事项十项内容，经过专家论证会的论证，报天津市工商局批准实施。"十三五"期间，全国性行业协会商会累计参与制定 2499 项国家标准和 364 项国际标准，公布 2996 项团体标准。①

②强化行业自律

强化行业价格自律和产品服务质量自律，加大行业检查和监督，健全行业安全生产标准，强化企业的市场责任，有效维护和规范市场秩序。2012 年 356 家全国性行业协会商会制定了行业自律制度，347 家制定了行规行约，301 家制定了行业职业道德准则，305 家发布了行业自律宣言。2013 年 3 月，中国家电服务维修协会在推广"维修服务人员持证上岗"的基础上，开始建立"上门服务证"甄别系统，要求维修员上门服务须出具收费价目表并明示价格监督电话。2013 年 4 月，中国稀土协会在其官网曝光违法违规的稀土企业名单，督促政府对这些企业彻底关停。2013 年 8 月，中国眼镜协会发布《中国眼镜行业自律公约》，引导行业内企业恪守商业道德，建立完善的产品质量管理体系和售后服务体系。②"十三五"期间，全国性行业协会商会累计公布了 2066 项行业自律制度。

---

① 赵宇新. 阔步走在中国特色社会组织发展之路上——"十三五"时期社会组织工作综述[N]. 中国社会报，2020-12-24.

② 中国行业协会商会.行业自律[EB/OL]. http://www.fctacc.org/nljs/list-11-13.html，2014-10-08.

③开展诚信建设

从本行业利益出发，积极开展行业的信用建设，强化行业诚信自律管理，开展行业资格认证和品牌认证，依法配合查处企业违法行为，加大行业制裁力度，提升行业的公信力和形成良好的行业声誉。2012 年，全国性行业协会商会开展认证、鉴定服务 429 项。2014 年中国工业经济联合会与联合国工业发展组织共同开展了"2014 首届中国工业企业履行社会责任星级评价活动"，授予中国航天科技集团公司、中国航空工业集团公司、国家电网公司、神华集团有限责任公司、中国第一汽车集团公司等 39 家上榜企业"中国工业行业履行社会责任五星级企业"称号。

（2）为企业拓展市场

①开展招商引资

积极参与政府部门的招商引资活动，举办各类展销会、展览会，加大本行业的产品服务的宣传和推介，扩大企业产品的知名度，为企业开拓国内国际市场搭建平台。2012 年全国性行业协会商会开展国际合作项目186 个，举办大型展览会、博览会和交易会 407 场。2014 年 7 月，中关村数字内容产业协会与央视北京辉煌动画公司、中国教育电视台高校创意总部、北京市文化创意产业促进中心、北京金丁美奇动画有限公司、北京青青树动漫科技有限公司、山东中动文化传媒有限公司北京公司、北京卡酷传媒有限公司 7 家中关村示范区社会组织参加了 2014 年曼谷国际电子数字节，与泰国、日本、新加坡等国代表就动漫与游戏制作开发进行了交流，央视北京辉煌动画公司与泰国企业签署了开发制作"海上丝绸之路"大型文化宣传片的意向书。2014 年 12 月，安徽省工商联组织近百家行业协会商会负责人开展"商会合作共建皖江——宣城行"活动，促进了皖北和皖江示范区经济发展（韩修良，2015）。

②开展企业间、地区间、国家间的经济联系与合作交流

适时发布国内外有关本行业的市场信息，发展企业间、地区间、国家间的经济联系与合作交流，为企业拓展国内外市场提供机遇。2013 年以来，北京市工业经济联合会成立了京津冀协同发展促进工作小组，结合首都城市战略定位和首都核心功能，积极收集整理有关新增产业禁止、限制目录和功能区差异化管理的信息，组织京冀有关生物医药、新能源、新材料、电子科技、精细化工等产业的交流与合作，签署"关于推动京冀两地工业协同发展合作协议"，为京津冀协同发展发挥桥梁纽带作用。

③加强市场建设

搭建行业自主创新平台，为企业提供产品研发设计服务，提高产品的技术含量，实施行业品牌战略，并参与相关产品服务的市场建设，为企业开拓国内国际市场提供竞争实力。成立于 2008 年的深圳市工业设计行业协会（SIDA），已吸纳设计公司、产品制造商、工艺材料商、品牌策划营销机构、设计院校等会员单位 649 家。2010 年发起了全国首个工业设计产业创新联盟和首个市级工业设计公共服务平台，在集中展示专业设计产品的同时，推进设计资源的整合，促进品牌创作和传播，加快设计成果的转化与推广。2011 年成立的中瑞设计中心积极促进自主设计成果国际化，不断拓展北欧市场。①

（3）维护行业合法经济权益

①参与听证和论证

参加政府部门举行的涉及行业利益的听证会和论证会，及时向政府部门反馈行业、企业的相关意见和建议。2014 年，广东省工商联积极推荐金发科技、格兰仕、福达、海印、立白、广铝、圣丰等 60 家民营企业代表广东省政府召开 2014 年重大项目面向民间投资招标推介会，集中向参会企业提供政策咨询。

②解决贸易纠纷

帮助本行业应对各类贸易纠纷，代表行业提出反垄断、反倾销、反补贴的调查和对外贸易救济措施的申请，组织行业内企业开展申诉和诉讼活动。2010 年针对欧盟对我国无线网卡设备发起的反倾销和保障措施调查，中国机电产品进出口商会积极组织 20 家相关企业应诉欧盟的反倾销调查。2011 年 6 月针对土耳其对我国壁挂式分体空调、外部机的反倾销调查，中国机电产品进出口商会组织我国空调主营出口企业积极应诉。2012 年 8 月，针对欧盟对我国光伏产品的反倾销立案调查申请，全联新能源商会（原中华全国工商业联合会新能源商会）发表《中国工商界关于反对欧盟对华光伏反倾销立案的声明》，反对欧盟对华光伏产品的反倾销立案。2012 年全国性行业协会商会代表行业企业提出反倾销、反补贴措施应诉、申诉173 次。

---

① 深圳工业设计行业协会. 协会简介[EB/OL]. http://www.szida.org/list-4-1.html，2014-10-06.

（4）提升行业发展潜力

①开展行业调查和评估

对行业发展趋势、市场动态、技术发展动向、产品研发方向进行行业调查，整理和分析行业数据，发布行业发展评估报告。2012 年，442 家全国性行业协会商会定期开展行业调查和统计，428 家定期发布行业信息。2013 年，佛山市工商联、佛山市总商会联合发布了《佛山市民营经济发展蓝皮书（2012—2013）》，内容包括佛山市民营经济发展情况、佛山市扶持民营经济发展的政策措施、民营企业家创业经验感想、市区工商联促进民营经济发展意见建议等，对促进佛山民营经济提供了重要的经验借鉴作用。

②制定行业发展规划

结合行业特点和行业发展趋势制定行业发展规划，规划行业发展目标，提出行业发展政策。广州市的机电行业协会、纺织行业协会、软件行业协会分别参与了广州市机电行业技术改造、纺织行业和软件行业的发展规划及产业政策的制定。①

③参与行业政策和法规制定

参与和本行业利益相关的经济政策、产业发展政策、行业发展规划、法律法规的制定，对行业内的技术引进、技术升级改造、投资开发项目开展前期论证。例如，2009 年中国汽车流通协会向商务部书面提交了《关于〈促进扩大内需鼓励汽车、家电"以旧换新"实施方案〉的修改意见》，向国家发展和改革委员会提交了《二手车市场分析与建议》，组织撰写了《中国汽车流通行业竞争力分析》《中国二手车鉴定评估体系研究》，向行业主管部门递交了二手车流通税收改革建议，切实起到了履行辅助政府决策、维护行业利益的职能。②2012 年全国性行业协会商会代表行业和会员企业向政府部门提出政策建议 1729 项，其中被采纳 912 项，参与法律法规文件修改制定 392 件。

3.1.3　农村社会组织的经济贡献力

（1）开拓市场

农村经济类社会组织是由农民自发兴起、自愿参加的非营利合作组织，主要包括互助性的专业合作社和社团性质的专业协会，广泛分布在种

---

① 广州市工商联.关于发挥商会协会作用加快政府职能转变的建议[EB/OL]. http://www.gz.gov.cn/publicfiles/business/htmlfiles/gzgov/s8909/201202/896716.html，2011-02-18.

② 中国汽车流通协会.为政府主管部门制定相关政策提供行业支持[EB/OL]. http://auto.sina.com.cn/news/2009-11-26/1751543751.shtml，2009-11-26.

植业、畜牧业、林业、水产业、农产品加工业、农产品销售业和农产品运输业等领域。这些农村经济类社会组织能够以行业或产品为纽带，通过专业合作方式引导农户的专业化、规模化经营，实现农民经营与农产品供应链、农产品销售渠道的连接，在提高农产品供应链效率的基础上不断拓展农产品市场。农村社会组织利用自身的信息优势，向农民提供相关的产品市场信息，并通过举办各类产品展销、交流活动扩大农产品销售市场。例如，杭州的农贸市场行业协会通过"农市对接"和各种展会，帮助贫困山区的居民推销农产品。2009年以来，上海市嘉定工业区灯塔草莓合作社利用互联网发布草莓销售信息，开拓市场销售渠道，取得良好效果。①

（2）推进科技成果在农业生产中的转化应用

农村社会组织可以开展蔬菜种植、畜禽养殖、药材种植、农业机械操作等农业实用技术培训活动，使农村能够较快掌握各种先进的农业实用技术和科学的经营管理方法，从而加快农业科技成果的应用；开展针对农村的科技调查，及时了解农民的科技需求，为农民提供定向的科技服务，可以提高科技成果的使用效益；举办各类科技交流活动，扩大科技成果的传播渠道，向农民提供技术咨询服务，有助于扩大农业科技成果的应用范围；提供新品种、新技术的体验服务，向农民引荐新优品种技术，有助于加快新成果的应用转化。

（3）解决农户的资金需求难题

由于农业生产具有一定的自然风险和市场风险，农户的生产经营普遍面临着发展资金有限、筹资不足的难题。经济类的农村社会组织可以为农户提供发展资金，帮助农户解决资金不足的问题。例如，江苏省宝应县肉鸡养殖协会积极向养殖户提供发展资金，帮助农户获取养殖所需资金。江苏省阜宁县硕集镇富民农民资金互助合作社以发展合作社社员并吸纳社员股金的形式互助，满足社员生产中的资金需求。

3.2 我国社会组织经济贡献力的总体分析

3.2.1 社会组织的固定资产投资规模不断扩大

自2004年以来我国社会组织的固定资产投资规模不断扩大。公共管

---

① 上海农业网. 凝聚农户抓培训 特色农业促增收[EB/OL]. http://www.stee.agri.gov.cn/jyypx/t20091225_821422.htm, 2009-12-25.

理和社会组织的全社会固定资产投资由 2004 年的 2437.44 亿元增加到 2012 年的 6047.4 亿元，年均增长速度为 12.41%，2020 年底全国社会组织固定资产达 4785.5 亿元。

如表 3-1 所示，我国社会服务事业费支出呈现不断增长的势头，由 2010 年的 2697.5 亿元增长到 2017 年的 5932.7 亿元；社会服务基本建设投资由 2010 年的 183 亿元增长到 2017 年的 209.2 亿元；社会服务机构和设施固定资产原价由 2010 年的 6589.3 亿元下降到 2017 年的 5434.8 亿元。

表 3-1　2010—2017 年社会服务基本情况（单位：亿元）

指标	2010	2011	2012	2013	2014	2015	2016	2017
社会服务事业费支出	2697.5	3229.1	3683.7	4276.5	4404.1	4926.4	5440.2	5932.7
基本建设投资	183.0	218.5	235.0	292.8	282.2	239.9	243.5	209.2
机构和设施固定资产原价	6589.3	6676.7	6675.4	6810.2	7213.0	8183.1	5393.6	5434.8

来源：《2017 年社会服务发展统计公报》

3.2.2　社会组织增加值规模总体呈现扩大趋势

根据民政部《2013 年社会服务发展统计公报》和《中国统计年鉴（2013）》的统计数据，全国社会组织增加值由 2006 年的 112.17 亿元增加到 2013 年的 571.1 亿元，年均增长速度为 35.49%。社会组织增加值占第三产业增加值的比重由 2006 年的 0.13% 上升到 2013 年的 0.22%，上升了 0.09 个百分点。如图 3-1 所示，我国社会组织增加值在 2006—2011 年不断扩大，2011 年达到最高值 660 亿元，2012—2013 年有所下降，不过仍然超过了 525 亿元，2013 年回升至 571.1 亿元。我国社会组织增加值占第三产业增加值的比重在 2006—2009 年呈现较快的上升态势，2010—2013 年呈现波动性下降趋势，不过 2013 年仍然超过了 0.20%。

根据 2018 年 7 月 16 日国家行政学院、中央财经大学、北京师范大学、重庆市委党校 9 位学者组成的"社会组织经济规模测算研究"课题组的研究成果，2016 年全国社会组织增加值总量约 2789 亿元人民币，占当年 GDP 的 0.37%，占当年第三产业增加值的 0.73%；而同年全国社会组织总支出约 6373 亿元人民币，占当年 GDP 的 0.86%，约占当年第三产业增加值的 1.66%。社会服务机构总支出约 5140 亿，社团总支出约 972 亿，基金会总支出约 261 亿。社会组织增加值排在前 5 的依次是广东、江苏、山东、上海、北京。如按照人均社会组织增加值计算，排在前 5 的依次是北京、上海、广东、江苏、浙江[①]。成都经开区内登记注册的社会组织达 571 个，从业人员 1.1 万余人，2018 年以社会组织为代表的非营利性服务业增加值贡献率达 9.4%[②]。

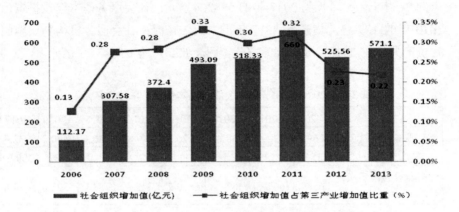

图 3-1 社会组织增加值及其占第三产业增加值比重

自 2015 年起，《中国民政统计年鉴》中没有"社会组织经济增加值"这一统计指标，徐明、胡雨薇借鉴学者杨莹的收入法测算 2015—2020 年社会团体的增加值分别为 438.32 亿元、502.90 亿元、627.91 亿元、664.10 亿元、690.85 亿元、791.90 亿元，徐明、魏朝阳、陈斯洁测算了 2015—2020 年民办非企业单位的增加值分别为 2840.84 亿、3427.37 亿、4206.80 亿、4990.55 亿、5310.12 亿、6440.73 亿，郭磊、李尉、胡雨薇测算了 2015—2020 年基金会的增加值分别为 4.3 亿元、6.7 亿元、7.2 亿元、7.3 亿元、7.7 亿元、9.5 亿元。

3.2.3 社会组织的招商引资功能逐渐显现

社会组织尤其是行业类社会组织，通过专业化的运作方式和规范的程序为投资者和招商方穿针引线选择合适的合作伙伴，在为投资、引资双方降低交易成本的同时，显著提高了招商引资的成效。

---

① 人民网强国论坛. 测算研究显示：2016 年全国社会组织增加值总量约 2789 亿元[EB/OL]. http://www.people.com.cn/n1/2018/0718/c32306-30155231.html，2018-07-18.

② 人民论坛网. 第二季社会组织联合组织生活会在成都经开区召开[EB/OL]. http://www.rmlt. com.cn/2019/0513/546734.shtml，2019-05-13.

我国公共管理和社会组织固定资产投资（不含农户）利用外资由 2004 年的 11.59 亿元增加到 2012 年的 17.8 亿元，增加了 6.21 亿元。全国性行业协会商会每年举办 400 多个大型展览会、博览会和商品交易会，规模达到 1000 多万平方米。仅广东省的行业协会商会每年招商引资约 300 次，组团考察超过 1000 次，创造直接经济价值约 500 亿元。2014 年 5 月，北京市 90 家行业协会商会参加中国（北京）国际服务贸易交易会（即"京交会"），其中北京电子商务协会承办了"京交会"重要板块——"2014 中国（北京）电子商务大会"，集中展示了北京市电子商务领军企业，成交额达 12.7 亿元，比 2013 年增长 25%。①根据国家统计局的数据，2020 年公共管理、社会保障和社会组织固定资产投资（不含农户）利用外资比 2019 年增长 23.9%。

3.3　社会组织经济贡献力的实证分析

3.3.1　社会组织经济贡献力实证研究的模型构建

基于社会组织经济贡献力影响因素的考虑，实证研究构建的面板数据模型为：

$$LTERV_{it} = \beta_0 + \beta_1 LSOL_{it} + \beta_2 LSOI_{it} + \beta_3 LSOC_{it} + \beta_4 LSOV_{it} + u_{it}$$

在模型中，i 为 31 个省份（包括省、自治区、直辖市）；t 为时期，代表 2008—2012 年；β 为各解释变量的系数；LTERV 为第三产业增加值的对数，LSOL 为地区社会组织劳动力水平的对数，LSOI 为地区社会组织投资水平的对数，LSOC 为地区社会组织机构规模的对数，LSOV 为地区社会组织产能水平的对数，u_{it} 为随机扰动项。这里对各变量采用对数形式，主要是为了消除时间序列中存在的异方差现象。

3.3.2　实证研究的数据选择与说明

（1）各地区的第三产业增加值 TERV，用来表示第三产业发展的总量状况。由于社会组织的活动领域主要是在第三产业，采用第三产业增加值指标可以清楚反映社会组织的经济贡献力。为消除价格指数的影响，故采用第三产业增加值指数进行平减后得到各地区的第三产业增加值实际值。

（2）各地区的社会组织劳动力水平 SOL。考虑数据的获取性，采用公

---

① 北京市商务委员会. 2014 中国（北京）电子商务大会圆满闭幕[EB/OL]. http://www.bjmbc.gov.cn/nsjg/ltfzhch/zwxx/201406/t20140605_64390.html，2014-06-05.

共管理和社会组织城镇单位就业人员数表示各地区的社会组织劳动力水平。

（3）各地区的社会组织投资水平 SOI。考虑数据的获取性，采用公共管理和社会组织全社会固定资产投资表示各地区的社会组织投资水平。

（4）各地区的社会组织机构规模 SOC。采用社会组织单位数表示各地区的社会组织机构规模水平。

（5）各地区的社会组织产能水平 SOV。采用社会组织增加值表示各地区的社会组织产能水平。

上述指标数据来自国家统计局国家数据库（http://data.stats.gov.cn）2008—2012 年 31 个省份相关指标的查询数据。

3.3.3 社会组织经济贡献力实证研究的过程与结论

（1）相关性分析

由表 3-2 的分析结果可以看出，各地区的社会组织劳动力水平 LSOL、社会组织投资水平 LSOI、社会组织机构规模 LSOC、社会组织产能水平 LSOV 与各地区的第三产业增加值 LTERV 存在的明显的正相关性。在四个变量中，LSOL、LSOI、LSOC、LSOV 与 LTERV 的相关系数分别为 0.7759、0.4480、0.8411、0.8679。其中，各地区的社会组织产能水平 LSOV 与第三产业增加值 LTERV 的相关性最大，各地区社会组织投资水平 LSOI 与第三产业增加值 LTERV 的相关性最小。

表 3-2　面板数据的相关性分析

变量	LTERV	LSOL	LSOI	LSOC	LSOV
LTERV	1.0000				
LSOL	0.7759	1.0000			
LSOI	0.4480	0.6002	1.0000		
LSOC	0.8411	0.8414	0.5686	1.0000	
LSOV	0.8679	0.6824	0.3698	0.7883	1.0000

（2）固定效应的面板数据模型

依据表 3-3 固定效应模型的估计结果，除常数项外，LSOL、LSOI、LSOC、LSOV 都对 LTERV 具有正向影响。其中，LSOL 对 LTERV 的正向影响程度最大，其次是 LSOC 对 LTERV 的正向影响，LSOI 对 LTERV 的正向影响程度最小。由此可见，各地区的社会组织劳动力对第三产业增加值的贡献度最大，社会组织机构规模对第三产业增加值的贡献度比较大，而社会组织投资水平和社会组织产能水平对第三产业增加值的贡献度相对较小。

（3）随机效应的面板数据模型

依据表 3-4 随机效应模型的估计结果，除常数项外，LSOL、LSOI、LSOC、LSOV 都对 LTERV 具有正向影响，这与固定效应模型的估计结果是一致的，同样证实各地区的社会组织劳动力水平、社会组织投资水平、社会组织机构规模、社会组织产能水平对各地区第三产业增加值具有不同的贡献度。同固定效应模型的估计结果不同的是，随机效应模型下社会组织投资水平、社会组织产能水平对第三产业增加值的贡献度要高于固定效应模型下的贡献度。

表 3-3　固定效应模型的非稳健性估计结果

变量	系数	标准差	t 值	P>t	95%的置信区间	
LSOL	2.17587	0.22656	9.60	0.000	1.72731	2.62443
LSOI	0.07357	0.03224	2.28	0.024	0.00973	0.13741
LSOC	0.61904	0.14803	4.18	0.000	0.32595	0.91212
LSOV	0.07934	0.02422	3.28	0.001	0.03137	0.12730
_cons	−10.56648	1.00943	−10.47	0.000	−12.56509	−8.56787
sigma_u	1.46645					
sigma_e	0.11844					
rho	0.99352					

$F_{(4,120)}=114.82$　　Prob > F = 0.000

表 3-4　随机效应模型的估计结果

变量	系数	标准差	z 值	P>z	95%置信区间	
LSOL	0.82620	0.19258	4.29	0.000	0.44874	1.20364
LSOI	0.09109	0.04080	2.23	0.026	0.01112	0.17107
LSOC	0.53416	0.14159	3.77	0.000	0.25664	0.81168
LSOV	0.13193	0.03077	4.29	0.000	0.07162	0.19225
_cons	−5.05843	0.90564	−5.59	0.000	−6.83345	−3.28340
sigma_u	0.40091					
sigma_e	0.11844					
rho	0.91973					

Wald chi2(4) =280.32　　Prob > chi2 =0.0000

（4）Hausman 检验结果与主要研究结论

根据 Hausman 检验结果来看，chi2（4）的值为 67.61，接受原假设的概率为 0.0000，因此在 1%的显著水平下拒绝原假设，应当采用固定效应模型。为更准确反映 LSOL、LSOI、LSOC、LSOV 对 LTERV 的影响，对固定效应模型采用了稳健性的估计方法，估计结果见表 3-5。

表 3-5　固定效应模型的稳健性估计结果

变量	系数	标准差	t 值	P>t	95%的置信区间	
LSOL	2.17587	0.50150	4.34	0.000	1.15168	3.20006
LSOI	0.07357	0.03175	2.32	0.028	0.00872	0.13842
LSOC	0.61904	0.30204	2.05	0.049	0.00219	1.23588
LSOV	0.07934	0.03191	2.49	0.019	0.01417	0.14450
_cons	−10.56648	1.808668	−5.84	0.000	−14.26027	−6.87269
sigma_u	1.46645					
sigma_e	0.11844					
rho	0.99352					

F(4,30)=75.17　　　Prob > F = 0.000

实证研究的主要结论如下：

LSOL 的系数为 2.17587，表明各地区的社会组织劳动力水平每提高 1%，各地区第三产业增加值 LTERV 会提高约 2.18%。社会组织的劳动力水平是促进第三产业发展至关重要的因素，社会组织吸纳的劳动力越多，社会组织的服务领域就越广泛，社会组织的服务体系就越全面，第三产业的经济效益就越高。

LSOI 的系数为 0.07357，表明各地区的社会组织投资水平每提高 1%，各地区第三产业增加值 LTERV 会提高约 0.07%。尽管投资水平是促进经济增长的主要动力，对社会组织而言，其投资水平并不是带动第三产业发展的主要因素。

LSOC 的系数为 0.61904，表明各地区的社会组织机构规模扩大 1%，各地区第三产业增加值 LTERV 会提高约 0.62%。可见，社会组织的机构规模是促进第三产业发展的重要因素，社会组织的机构越多，满足社会服务的需求就越多样化、多层次，第三产业的发展水平就越高。

LSOV 的系数为 0.07934，表明各地区的社会组织产能水平每提高 1%，各地区第三产业增加值 LTERV 会提高约 0.08%。尽管社会组织增加值的增加意味着社会组织的产能水平有所提高，但不意味着很快转化为推动第三产业发展的动力。

在《中国社会组织报告（2020）》中，修晶（2020）构建面板门限模型研究社会组织对经济增长的作用：从以年度为门限变量的单门限回归结果来看，社会组织对经济增长始终存在明显的正向作用，但是 2015 年以后社会组织对经济增长的促进作用更加显著；从以年度为门限变量的双门限回归结果来看，社会组织对经济增长同样保持较为显著的正向作用，且存在明显的结构性变化，系数分别是 2011 年以前的 0.1073、2011—2016 年的 0.2972 和 2016 年以后的 0.4263，表明社会组织对经济增长的影响越来越大。修晶（2020）还构建了面板回归模型研究社会组织促进经济增长的结构的结构性影响：在 1% 的显著性水平下，民办非企业单位系数为 0.5618，基金会的系数为 29.3628，表明民办非企业、基金会的数量对第三产业增加值有正向作用。

3.4　我国社会组织经济贡献力的典型案例

3.4.1　北京市海淀区中关村科技类社会组织的经济贡献

中关村地区科技资源非常丰富，活跃在中关村内的科技类社会组织有 40 多家，包括中关村数字内容产业协会、北京民营科技实业家协会、北京创业投资协会、中关村高新技术企业协会、北京闪联信息产业协会、中关村云计算产业联盟、中关村移动互联网产业联盟、中关村下一代互联网产业联盟、中关村物联网产业联盟、中关村大数据产业联盟、中关村电子产品贸易商、中关村不动产商会等。中关村科技类社会组织主要由行业内知名的科技类企业自愿发起，具有较强自组织能力，在促进自主创新、推动科技与经济的快速融合发展方面发挥了显著作用。

中关村科技类社会组织在承接部分政府科技服务职能的同时，搭建政府与企业之间的政策协调平台，充分发挥政策协调功能。为使科技园区内的科技企业尽快熟悉和掌握各级政府的产业政策、科技政策和税收政策，中关村高新技术企业协会每年都会整合相关的政策文件，编辑了《高新技术产业相关政策法规选编》《最新政策文件选编》，针对新入园或新创科技企业定期举办政策培训会。中关村不动产商会从 2006 年起以新闻发布会方式分期推出"中关村小企业创业服务楼"项目，有效整合科技园区内的政策资源和各种科技服务资源，促进科技型小企业的孵化。中关村内其他社会组织还在政府与社会组织间、社会组织与企业间、企业与企业间建立了有效的信息反馈机制，及时帮助政府完善有关的产业政策和科技发展政策与规划，推进企业优化调整自身产业布局和科技资源配置，也促进了科技类社会组织不断提高完善科技服务功能。

中关村科技类社会组织积极对接科技园区公共科研设施和各科技企业的研发需求，整合园区内的科技资源搭建联合创新平台，促进产学研的科技创新协作。北京民营科技实业家协会承担着"中关村开放实验室"工程的组织和服务工作，接受各类国家级重点实验室、国家工程中心的申报、评估和考核，组织具有研发需求的民营科技型企业与各类相关重点实验室、工程中心的对接服务工作。仅仅在2006—2009年就有50多家实验室、工程中心挂牌为"中关村开放实验室"，促成2000余项产学研协作项目，近700家企业受益。中关村下一代互联网产业联盟为推进下一代互联网的产业化，推进关键技术产业化的产学研合作，充分调动天地互连、神州数码、中科院计算所、清华大学等102家会员单位共同承担"互联设备国家工程实验室"建设项目，成功申请一项国际标准，进一步提升了中关村在全球移动互联网产业的领先水平。

中关村科技类社会组织通过编织科技企业间、科技人员间的社会网络，实现科技创新优化资源配置的同时，也促进了科技产业人力资本的聚集。中关村科技类社会组织举办中关村创业讲坛、中关村高成长企业TOP100评选和各种形式的沙龙活动，定期邀请行业内企业家、创业者、投资者、技术专家参与活动，不仅扩大了园内科技企业的合作发展机会，又降低了科技企业间合作的交易成本。

3.4.2　北京市西城区金融街商务楼宇协会

2009年12月，金融街成立了北京市首家商务楼宇的行业自律组织——西城区金融街商务楼宇协会。金融街商务楼宇协会旨在统筹楼宇资源，促进楼宇管理者、经营者之间的交流合作，深度拓展楼宇经济，是社会组织参与创新商务楼宇服务管理模式的一种积极探索。

金融街是北京市第一个大规模整体定向开发的金融产业功能区，1993年获批建设国家级金融管理中心，2008年确立金融街在首都金融业中的核心地位。金融街以金融产业为主导的商务楼宇发展迅速，楼宇经济正在成为全业态的枢纽与核心,已经成为金融街经济发展的最主要的支撑、载体和发展平台。作为首都金融主中心区,金融街楼宇经济快速发展,如何实现商务楼宇良好的集聚效应成为商务楼宇管理工作中的难题。

西城区金融街商务楼宇协会制定了较为完善的组织章程,对协会的业务范围、会员的权利义务、组织机构设置、资产管理等内容做了规定。楼宇协会按照章程要求选举产生了理事会、监事会,以及会长、副会长、秘书长、监事。金融街商务楼宇协会成立之初就建立了 24 项,制作了《楼宇协会宣传手册》《工作人员守则》等。金融街商务楼宇协会的服务对象主要是金融街范围内的企业,金融街商务楼宇协会成了服务金融街商务楼宇、辖区居民的社会组织①。

---

① 连玉明. 北京街道发展报告 No.2 金融街篇[M]. 北京:社会科学文献出版社,2018:204-219.

第4章 社会组织的社会贡献力分析

4.1 社会组织在我国社会发展中的社会贡献力

中共中央办公厅、国务院办公厅印发《关于改革社会组织管理制度促进社会组织健康有序发展的意见》,提出"进一步发挥社会组织在促进经济发展、管理社会事务、提供公共服务中的作用"。社会组织已成为我国公共治理的良性力量,在民生建设、社会服务、社会管理、社会慈善事业发展等方面的贡献力显著提升,正成为促进社会发展的"稳定器"和"助推器"。

4.1.1 社会组织在我国民生建设中的贡献力

在我国经济社会的转型时期,社会公众对民生改善问题日益关注,政府也对民生保障问题越发重视,社会组织能够协同政府推进民生建设,在民生建设中发挥着重要的"替补者"功能。《关于改革社会组织管理制度促进社会组织健康有序发展的意见》将公益慈善类社会组织的服务范围明确界定为扶贫、济困、扶老、救孤、恤病、助残、救灾、助医、助学等。

(1)承接政府购买民生服务

在政府推进民生建设的进程中,社会组织是有效衔接政府部门并承接政府购买民生服务的重要组织载体。2013 年 9 月国务院办公厅印发的《关于政府向社会力量购买服务的指导意见》明确指出社会组织承接政府转移职能的重要主体地位,并提出 2020 年要建立较完善的政府向社会力量购买服务体系。随着政府职能的转移,社会组织在民生建设中的功能空间不断扩大,承接政府购买民生服务的领域不断扩展,包括医疗卫生、就业、社会保障、文化体育、教育培训等诸多领域。

2010 年以来北京市社会组织承接的政府购买服务项目达 1029 个,金额累计达到 2 亿元。2013 年社会组织承接政府购买服务项目多达 500 个,金额达 8000 万元。2013 年佛山市各级社会组织承接政府购买服务的金额达到 2.45 亿元,承接政府购买服务的市级社会组织达到 112 个,购买服务的项目超过了 65 项，金额达到 5000 万元。①根据《慈善蓝皮书：中国慈善发展报告（2014）》的统计数据，2013 年全国社会组织承接的政府购买服务资金达到 150 多亿元。

2014 年天津市慈善协会的关爱血友病患儿示范项目、鹤童老人护理职业培训学校的全国农村敬老院支教指导示范项目、滨海新区塘沽健康促进研究会的医疗监护与服务系统在老年人群中的应用项目、和平区居家养老指导中心的呼叫中心试点项目 4 个社会组织承接的民生服务项目获得了中央财政的支持。②

（2）促进就业

社会组织促进就业方面的作用表现为：一是直接向社会公开招聘高素质的专业性人才加盟社会组织，提高社会组织从业人员的职业化、专业化水平；二是开展系列就业培训项目，提高劳动者的劳动素质和技能，促进劳动者的自主创业和灵活就业；三是实施就业工程项目，为劳动者搭建更多的就业平台，提供更多的就业机会。

按照国际平均水平，社会组织提供的就业岗位约占整个经济活动人口的 4.4%，我国社会组织的这一比重低于 1%，若能达到国际平均水平，我国社会组织至少新增 3000 万个就业岗位。③国内学者范娟（2021）研究结果表明，社会组织对就业增加有显著的正向作用，社会组织每提升 1%，将促进就业人数提升 0.0112%。2013 年 2 月，北京市巧娘手工艺发展促进会的北京传统京绣创新提升工程项目，已建成各级巧娘工作室 307 个，巧娘协会组织 9 个，巧娘作品专卖店 30 个，吸纳妇女就业 5.3 万人，年销售额 3.5 亿，成为北京市城乡妇女自主创业、居家就业、灵活就业的重要渠道。根据民政部《2013 年社会服务发展统计公报》和《"十四五"社会组织发展规划》的统计数据，全国社会组织吸纳社会各类人员就业人数由 2013 年底的 636.6 万人增加到 2019 年的 1009.2 万人，2020 年已吸收就业 1061.8 万人，比 2013 年底增加 66.79%。

全国社会组织的人才供需倍率为 2.34，即平均每个求职社会组织的人

①　佛山市房地产业协会. 推进社会组织承接政府转移职能购买服务的理论与实践——以佛山市的探索为例[EB/OL]. http://house.citygf.com/building/xhzx/201403/t20140311_4998353.html，2014-03-11.

②　中国政府网. 天津市社会组织获中央财政支持资金合计 430 万元[EB/OL]. http://www.gov.cn/gzdt/2013-03/07/content_2347639.htm，2013-03-07.

③　韩洁，高敬. 政府购买服务，巨大订单谁将获益[N]. 新华每日电讯，2014-01-17.

员有 2.34 个就业机会，即对社会组织的 1 个岗位平均只有 0.42 个人应聘（王海京，2018）。2007—2020 年，社会团体解决就业年均增长率达 3.51%，明显超过同时期全国就业增长率（徐明、胡雨薇，2021）。2020 年民办非企业单位解决就业占比达到 0.85%，职工人数比 2007 年增长 281.77%（徐明、魏朝阳、陈斯洁，2021）。

（3）开展贫困救济和灾害救助

①各类社会组织积极开展贫困救济

根据表 4-1 和《2017 年社会服务发展统计公报》《2020 年民政事业发展统计公报》的统计数据，全国城市低保对象由 2010 年的 2310.5 减少到 2020 年的 805.1 万人，农村低保对象由 2010 年的 5214 万人减少到 2020 年的 3620.8 万人，农村特困人员由 2010 年的 556.3 万人减少到 2020 年的 446.3 万人。根据民政部《2020 年民政事业发展统计公报》的统计数据，截至 2020 年底，全国城市低保对象 488.9 万户、805.1 万人，农村低保对象 1985 万户、3620.8 万人，农村特困人员 446.3 万人，城市特困人员 31.2 万人。

表 4-1　2010—2020 年我国低保人数和特困人数

指标	2010	2012	2014	2016	2017	2018	2019	2020
城市低保人数（万人）	2310.5	2143.5	1877	1480.2	1261	1007	860.9	805.1
农村低保人数（万人）	5214	5344.5	5207.2	4586.5	4045.2	3519.1	3455.4	3620.8
农村特困人员人数（万人）	556.3	545.6	529.1	496.9	466.9	455	439.1	446.3

来源：《2017 年社会服务发展统计公报》《2020 年民政事业发展统计公报》

社会组织借助于自下而上的规范化运作方式、志愿化的服务机制和动员整合社会资源的专业优势，在贫困救济和社会救助中发挥着重要的作用。社会组织通过对基层居民实际需求和困难的调查了解，有针对性地开展贫困救济、社会救助活动，提高了扶贫救助的效率。社会组织借助于"第三种分配机制"的功能，从国内外筹集各类资金，扩大了社会组织扶贫救助、改善民生的力度。

2014 年 11 月 19 日国务院办公厅印发的《关于进一步动员社会各方面力量参与扶贫开发的意见》强调要"坚持多元主体""积极引导社会

组织扶贫"，2015 年 11 月 29 日中共中央、国务院颁布了《中共中央 国务院关于打赢脱贫攻坚战的决定》提出"健全社会力量参与机制""通过政府购买服务等方式，鼓励各类社会组织开展到村到户精准扶贫"，2016 年 11 月 23 日国务院印发了《"十三五"脱贫攻坚规划》提出"支持社会团体、基金会、社会服务机构等各类组织从事扶贫开发事业""鼓励社会组织承接东西部扶贫协作、定点扶贫、企业扶贫具体项目的实施，引导志愿者依托社会组织更好发挥扶贫作用"。据统计，全国近 21% 的社会组织的活动参与农村扶贫工作（赵宇新，2020）。2018—2020 年，全国社会组织参与脱贫攻坚、消费扶贫累计投入 54.06 亿元，实施项目 90124 个，全国性社会组织实施 6948 个，在挂牌督战县实施 2740 个；社会组织自身及引入各类资金投入总额达 1245.18 亿元，全国性社会组织投入 518 亿元，在"三区三州"等深度贫困地区投入 46.24 亿元，在挂牌督战县投入 18.51 亿元。①根据民政部《2020 年民政事业发展统计公报》的统计数据，内蒙古 800 余家社会组织以不同形式投入帮扶资金 11.08 亿元，开展帮扶项目 270 余个，累计资助 19 个国贫旗县农村牧区社区 160 个。

2013 年 5 月，中华慈善总会的贫困母亲项目管理办公室开展了"援助千名贫困母亲及贫困家庭"爱心活动，对黑龙江、河北、内蒙古、安徽、湖南、江西等 9 省区市贫困地区的贫困母亲进行了扶贫救助，累计发放救助款项 150 万元，惠及 3600 多人次。②腾讯公益慈善基金会基于 2009 年 6 月发起的"腾讯筑梦新乡村"项目实施腾讯"为村"网络扶贫公益项目，2014 年从贵州黎平县铜关村开始试点，2015 年 8 月 19 日面向全国乡村社区推出基于"应用程序+微信公众号+大数据平台"的"为村"开放平台，以"互联网+乡村"模式助推精准扶贫，2019 年帮助全国超万个村庄实现乡村信息化，2020 年 11 月"为村"平台上的村民数超 251 万、党员数超 18 万、村支书超过 1.1 万位、村主任超 1 万位。③2020 年 7 月，天津市全市基金会已承担甘肃庆阳、新疆和田、西藏昌都、河北承德等地区所辖贫

---

① 赵宇新. 阔步走在中国特色社会组织发展之路上——"十三五"时期社会组织工作综述[N]. 中国社会报，2020-12-24.

② 中华慈善总会. 感恩母亲节——中华慈善总会援助千名贫困母亲爱心活动[EB/OL]. http://cszh. mca.gov.cn/article/zhjb/201305/20130500457281.shtml，2013-05-14.

③ 资料来源: https://baike.baidu.com/item/%E4%B8%BA%E6%9D%91/20405780?fr=aladdin.

困县扶贫帮困项目89个，扶贫项目涉及民生保障、基础设施、教育助学、产业发展、医疗救助等领域，帮扶资金达2100万元，其中天津市天士力公益基金会投入300万元扶贫资金帮扶甘肃省庆阳市镇原县中医医院"聚智互联网医院"项目，天津市华夏器官移植救助基金会投入200万元帮扶甘肃省庆阳市镇原县救护车辆配备项目，天津市教育发展基金会、翔宇教育基金会、凯尔翎公益基金会等25家基金会联合投入扶贫资金423万元帮扶新疆和田地区策勒县课桌椅项目、电锅炉安装项目。①

②各类社会组织积极开展灾害救助

社会组织积极开展自然灾害调查，在充分了解灾民需求的基础上，充分动员资金力量和人力资源开展灾害救助，帮助受灾地区恢复生产建设，对稳定受灾地区的社会秩序发挥了良好的作用。2013年1月，云南省楚雄、临沧、曲靖等地遭受持续干旱，用水危机情况严重，中国红十字基金会组织志愿者奔赴灾害地区开展灾区民生需求调查和抗旱工程项目调查活动，启动"天使之旅——2013春雨行动"和"博爱家园"建设，借助于资金、专业人员的支持帮助当地抗旱救灾，解决用水难题和促进社区治理。2013年4月20日，四川省雅安市芦山县发生7.0级地震后，北京市红十字基金会、北京百度公益基金会、北京太阳谷慈善基金会、北京市慈善协会、北京市慈善义工协会、北京市志愿者联合会、北京市紧急救援基金会、北京联益慈善基金会、北京仁爱慈善基金会、北京市五色土社会工作促进中心等多家社会组织启动响应机制，通过各种形式全力支持灾区救助。中华慈善总会积极开展了针对1998年抗洪抢险、汶川地震、玉树地震、芦山地震、鲁甸地震、印度洋海啸的多次救灾捐赠活动，累计筹募款物达50多亿元。②

根据图4-1，全国社会组织捐赠收入由2016年的786.7亿元增加到2020年的1059.1亿元，增长34.63%。根据民政部2021年10月发布《"十四五"社会组织发展规划》，2020年各类社会组织积极参与疫情防控和复工复产，累计接受社会各界捐赠资金约396.27亿元、物资约10.9亿件。根据民政部《2020年民政事业发展统计公报》的统计数据，2020年全国社会组织捐赠收入1059.1亿元，有1.5万个经常性社会捐赠工作站、点和慈善

---

① http://www.tj.gov.cn/sy/tjxw/202007/t20200709_2782982.html.

② 中华慈善总会. 继往开来，开拓进取——中华慈善总会在京举行成立20周年纪念会[EB/OL]. http://cszh.mca.gov.cn/article/zhjb/201409/20140900703844.shtml，2014-09-23.

超市。

图 4-1　2016—2020 年社会组织捐赠收入规模变化

（4）实施医疗救助

医疗服务供给是人全面发展的基础，是实现国家或地区群体健康的基本保障。美国耶鲁大学教授温斯乐（Winslow，1920）提出："医疗卫生是一种预防疾病、延长寿命、改善身体健康和功能的科学和实践。医疗卫生通过有组织的社会努力改善环境卫生，控制地区性的疾病，教给人们关于个人卫生的知识，组织医护力量对疾病做出早期诊断和预防治疗，并建立一套社会体制，保障社会中每一成员都能够享有维持身体健康的生活水准，使每一位民众都能够享有健康及长寿的天赋权利。"①这个经典定义包括了疾病控制、环境卫生、预防疾病、健康促进等现代医疗卫生体系中较为核心的内容。森（Sen，2002）认为健康的公平问题比其他公平问题更值得关注，因为健康的不公平容易造成能力贫困和相对剥夺。适应人民群众日益增长的医疗服务需求，加大对医疗服务的供给，不断提高人民群众健康素质，是人民生活质量改善的重要标志，也是促进经济、社会全面协调可持续发展和维护社会公平正义的必然要求。

在现行医疗保险制度下，对于城乡居民到医疗机构就诊，其医疗费用报销存在起付线和支付限额的限制。对于患有重特大疾病的困难群众，现行医疗保险制度难以解决其医疗费用的负担问题。尽管政府可以对患有重病大病的困难群众进行医疗救助，但政府医疗救助的水平较低，救助方式主要是现金救助或资助救助对象参加城镇居民医疗保险和新型农村合作医疗保险，因而难以满足救助对象的医疗救助需求。作为非营利的社会组织

---

① 黄琏华等. 公共卫生护理概论[M]. 北京：科学技术文献出版社，1999.

比较了解救助对象的医疗需求，能够整合各种医疗资源，可以采用医疗护理、康复保健、现金救济等更加灵活的方式对救助对象进行医疗救助。

中华慈善总会与美国微笑列车基金会合作开展的微笑列车项目 15 年间投入 13 亿元，免费实施唇腭裂矫正手术 30 万例；"为了我们的孩子——千名少数民族贫困家庭先心病儿童救助行动"为西藏、新疆等地区筛查出的 2285 名先心病儿童免费实施手术；开展格列卫、易瑞沙、恩瑞格、多吉美、特罗凯等 12 种药品的援助项目，为身患白血病、肺癌、肝癌、肾癌等重病的 10 万多名患者提供了药品援助。[①]爱佑慈善基金会从 2010 年开始救治患有先天性心脏病的 0—14 岁儿童。再比如，成立于 2007 年的江西省革命老区爱心基金会 2013 年救治了 500 多名患有先天性心脏病的对象。2013 年，我国 96 个慈善组织开展了 149 个针对儿童大病的救助项目，开创了社会组织医疗救助的新格局。[②]2019 年 9 月，由中国志愿服务基金会和中国建材集团共同设立的"善建公益"专项基金资助"中国志愿医生之安徽石台站"活动，开展义诊 550 人，查房 170 人次，中医、村医适宜技术培训 70 人（崔炜、周悦，2021）。

4.1.2 社会组织在我国社会管理中的贡献力

（1）促进社会治理

按照全球治理委员会定义（Commission on Global Governance，1995），治理是各类个体和机构管理其共同事务的诸多方式的总和，是使不同的或相互冲突的利益得以调和并且采取联合行动的持续过程（俞可平，2000）。治理主要通过合作、协商、建立伙伴关系、确立认同和达成共同目标等方式实施对公共事务的管理，其管理不是主要依靠政府的权威，而是包括政府和各种社会组织乃至私人机构在内的多个主体之间的合作网络的权威。社会组织参与社会治理，既是社会治理的题中之义，又是政社合作的内在要求（杨丽、赵小平等，2019）。

在我国经济社会急剧转型的关键时期，由于社会利益的不断分化、个人利益诉求的多样化和利益表达渠道的多元化，错综复杂的利益关系容易引发各类利益矛盾，导致一些社会事件的发生。社会组织具有社会自治的组织优势，利用柔性化、人性化的工作方式和独特的社会资源动员能力，

---

① 中华慈善总会. 李本公会长在中华慈善总会成立 20 周年纪念会上的报告[EB/OL]. http://cszh. mca.gov.cn/ article/zhjb/201409/20140900704468.shtml，2014-09-24.

② 刘喜堂. 完善社会救助制度，发挥社会力量[J]. 中国社会组织，2014（20）：12-13.

着力解决弱势群体特别是困境群体的合理诉求问题，不仅有效化解各种社会矛盾，也能协同政府处理社会危机事件。作为基层社会治理新格局的有机组成部分，社会组织积极参与基层社会治理，不仅能够有效化解社会矛盾，也能提高社会治理效能（刘春湘、江润洲，2021）。①

2016 年中共中央办公厅、国务院办公厅印发的《关于改革社会组织管理制度促进社会组织健康有序发展的意见》中明确规定："支持社会组织在创新社会治理、化解社会矛盾、维护社会秩序、促进社会和谐等方面发挥作用，使之成为社会建设的重要主体。"②无论是社区性社会组织，还是农村性社会组织，在处理社会危机事件方面都具有显著的作用。这些社会组织由群众自发成立，多由熟悉基层情况和政府方针政策的人员或单位组成，比较了解基层居民的诉求和政府的政策目标，因而能够在政府部门和基层居民之间搭建起一座相互沟通交流的平台。这些社会组织接待基层信访群众，倾听群众诉求，既向政府部门反映民情，又向群众宣传政府政策，能够起到反映民意、化解矛盾的独特作用。

在"乌坎事件"的解决过程中，"乌坎村民临时代表理事会""乌坎村妇女代表联合会"在聚集村民多种利益诉求、与政府部门协商沟通、缓解社会矛盾方面发挥了重要作用。北京市怀柔区怀北镇成立的农村事务服务协会仅在 2007—2010 年就累计向政府部门反映群众合理诉求 70 余件次，防范化解不稳定风险 7 次，化解矛盾纠纷 300 余起。③安徽省凤台县钱庙社区理事会成立以来调节民事纠纷 76 起，全村没有民事转刑事或治安案件的发生。2006—2011 年，浙江省诸暨市枫桥镇的社会组织对各类民事纠纷的调处成功率达 98.3%，85%以上的纠纷在村级得到解决。安徽省铜陵市铜官区实行了较为成功的社区治理改革，2011 年被民政部列为"全国社区管理和服务创新实验区"。在 2016 年的 G20 峰会期间，浙江省 3.5 万个社会组织发动 230 余万人参与了基层社会治理④。

各地社区积极探索社会组织参与基层社会治理的路径，形成了新时代

①　刘春湘，江润洲. 社会组织在基层治理新格局中的作用[J]. 湖南科技大学学报（社会科学版），2021，24（04）：164-171.

②　新华社. 中共中央办公厅　国务院办公厅印发《关于改革社会组织管理制度促进社会组织健康有序发展的意见》[EB/OL]. http://www.gov.cn/zhengce/2016-08/21/content_5101125.htm.

③　于得海. 怀北镇农村事务服务协会助推和谐[EB/OL]. http://www.bjshjs.gov.cn/86/2011/10/13/69%407051.htm，2011-10-13.

④　顾春. 浙江：让群众当社会治理主角[N]. 人民日报，2016-11-02.

"枫桥经验"、"近邻"模式、基层社会治理共同体三种模式。

①新时代"枫桥经验"。2013 年 10 月以来，浙江省诸暨市枫桥镇积极贯彻落实习近平总书记"把'枫桥经验'坚持好、发展好，把党的群众路线坚持好、贯彻好"的重要指示，大力培育和发展社会组织并向村级延伸，社会组织由 2012 年的 5 家增加到 2019 年的 279 家，参与人数超 2.3 万人（平均每 3 人中有 1 人参加社会组织），成立了社会组织党总支、社会组织服务中心、志愿服务中心和公益基金，各村建立了基础型社会组织和个性化社会组织并实施公益创投项目，在农村社区社会组织的培育发展、治理效能提升方面形成了典范。[①]新时代"枫桥经验"被写入党的十九届四中全会《中共中央关于坚持和完善中国特色社会主义制度　推进国家治理体系和治理能力现代化若干重大问题的决定》、十九届五中全会《中共中央关于制定国民经济和社会发展第十四个五年规划和二〇三五年远景目标的建议》和《中共中央关于党的百年奋斗重大成就和历史经验的决议》、中共中央印发的《法治中国建设规划（2020—2025 年）》《中共中央　国务院关于加强基层治理体系和治理能力现代化建设的意见》《关于支持浙江高质量发展建设共同富裕示范区的意见》及全国 17 个省及直辖市自治区的政府工作报告中。[②]

②"近邻"模式。厦门市思明区为解决现代社会组织碎片化、人际陌生化等基层治理难题，积极传承习近平总书记在福建工作期间倡导的"四下基层""四个万家"等优良作风，以党建为引领，以群众需求为导向，大力弘扬"远亲不如近邻"文化，以基层党组织为引领，将无事常联系、有事共商量、困难有人帮、邻里一家亲推广应用到城市社区治理全域，居民与居民、居民与组织、组织与组织之间就地就近融合共建、联动共治、资源共享，形成了"近邻"模式[③]，成功打造党建引领基层治理的思明实践样本。

③基层社会治理共同体。党的十九届四中全会通过的《中共中央关于坚持和完善中国特色社会主义制度　推进国家治理体系和治理能力现代化若干重大问题的决定》提出"建设人人有责、人人尽责、人人享有的社会治理共同体"的发展目标，城乡基层社会治理共同体建设成为落实党中央

---

① 卢芳霞. 新时代"枫桥经验"：中国特色基层社会治理的典范[J]. 人民法治，2019（4）：13-21.

② 杜萌颖，郭松浩，丁利培. 重磅！新时代"枫桥经验"写入《中共中央关于党的百年奋斗重大成就和历史经验的决议》！[EB/OL]. https://www.thepaper.cn/newsDetail_forward_15411104.

③ 廖华生. 福建厦门思明区：近邻守望　开拓基层治理新天地[N]. 中国城市报，2020-04-21.

建设社会治理共同体的发展目标和构建基层社会治理新格局的坚实基础。杭州市 2000 年提出建设"社会复合主体"，2014 年出台《关于进一步激发社会组织活力推进我市社会治理创新的若干意见》，2015 年印发《关于杭州市复合型社会组织认证与职能的暂行办法》，积极推进"复合型社会组织"建设，复合型社会组织不仅在促进居民融合、提供社会服务、调解社会矛盾等方面发挥积极协同作用，也成为政府和社会组织之间的桥梁。①江西省萍乡市湘东区在原有社区"自组织"基础上探索建立结构整合、功能融合的群防群治型"农村社会治理综合体"，功能包括"4+X"职能（"4"即义务巡防、应急处置、矛盾调解、志愿服务，"X"即根据村情需要选择服务内容），社区管理从"行政引导型"模式向"民主自治型"模式转变，目前已建成 52 个涵盖 11 个乡镇街、在册队伍队员达 1200 余人的农村社会治理综合体，形成了农村社会治理共同体的"湘东"模式。②

（2）维护各方合法权益

农村社会组织，尤其是维护农民权利的社会组织，能够从维护农民的利益出发，以各种合法途径向政府表达农民的利益诉求，并积极组织农民合法维权。农村社会组织贴近农民，可以在基层政府和农民间搭建诉求反映、政策宣传、意见沟通、缓解矛盾的平台，既能够规范农民维权的行为，又能够有效保障农民的合法权益。湖南衡阳的农民协会、安徽阜阳的农民维权协会、江苏沭阳的农村发展协会、河北唐山的移民协会等社会组织，都是有影响的维护农民合法利益的农村社会组织。

行业协会商会作为行业内企业自发结成、自愿参加的社会组织，能够协调并解决行业内企业之间因经营产生的利益纠纷、企业与消费者之间因消费产生的利益矛盾、行业企业与职工之间因工资福利待遇产生的利益争议，并能够协调政府部门与行业企业之间、行业之间的利益关系，能够指导和组织行业企业的维权行为，从而能够有效地维护各主体的合法权益。2012 年，全国性行业协会商会协调行业内外纠纷达到 2236 次。

（3）管理非公有制经济

行业协会商会借助特有的组织平台，在为非公有制经济提供行业培

---

① 陈浩鼎. 激发社会组织活力 杭州开启新模式（上）[EB/OL]. https://hwyst.hangzhou.com.cn/wmyzh/content/2015-01/12/content_5606667.htm.

② 刘俊辰. 打好农村社会治理组合拳 萍乡市湘东区全面推进农村社会治理综合体建设[N]. 新法制报，2019-04-19.

训、行业交流、行业维权、参谋咨询等行业服务的同时，通过行业自律、行业检查、行业监督、行业资格认定等措施对非公有制经济进行有效管理。对于非公有制企业之间出现的利益纠纷，行业协会商会积极受理并发挥行业仲裁的功能，能够保障非公有制企业的合法权益和合理诉求，消除行业管理中的不稳定因素。发挥行业协会商会的职能优势，推进非公有制企业的党建工作，发挥非公有制企业党员的先锋模范作用，引导非公有制企业合法经营和履行社会责任，有助于促进非公有制经济的有序发展。发挥行业协会商会的协调优势，完善涉及非公有制企业的工资集体协商机制、劳动争议处理机制，有效化解非公有制企业与职工之间的利益冲突，有利于促进社会的协调和稳定。

4.1.3　社会组织在我国公共服务供给中的贡献力

（1）提供教育培训服务

在现代社会，教育不仅是实现个人发展的主要途径，也是社会成员获得政治、经济、文化与社会利益的手段，更是社会流动、社会分工和社会分层的手段。如果教育不公平，不仅严重影响着个人的发展、竞争能力，还可能导致社会成员之间政治、经济、文化与社会利益分配的不公平，对一部分社会成员尤其是处境不利的社会成员的社会流动、社会分工、社会分层产生实质性的不利影响。《中共中央关于构建社会主义和谐社会若干重大问题的决定》中特别指出要"坚持教育优先发展，促进教育公平"，就是要求建设公平的教育和均衡发展的教育，使全体人民共享优质教育资源，共享教育改革的成果。

尽管国家对教育的投入逐年增加，但是我国教育服务的总量供给仍然不足，难以满足社会对教育服务的需求。各类社会组织利用不同的捐资助学项目平台，整合各类社会资源，扩大教育公益事业的投入，提高了贫困地区的教育基础设施水平和贫困学生的受教育水平。到 2013 年，中国青少年基金会实施的希望工程累计募集捐款 97.57 亿元，建设希望小学 18335 所，建设希望工程图书室 20604 个，配备希望工程快乐音乐教室 924 个，配备希望工程电脑教室 926 个，培训农村小学教师近 8 万名，资助农村家庭经济困难学生逾 490 万名。[①]中国儿童少年基金会实施"春蕾计划""安

---

① 中国青少年基金会. 关于希望工程[EB/OL]. http://www.cydf.org.cn, 2014-09-07.

康计划"等项目帮助贫困地区的失学女童、留守流动儿童改善教育环境，提高贫困弱势群体的受教育水平。中国扶贫基金会、中国青年志愿者协会、中华慈善总会等社会组织也通过资助贫困学生完成学业、为贫困地区建设教育设施、开展各类技术培训等方式支持教育事业发展。由中国民主促进会会员、国际儒学联合会儒学与企业管理委员会委员、中国绿化基金会理事和宝鸡市政协委员、民进宝鸡市委会常委秦东魁发起成立的北京明伦公益基金会，在北京、天津、陕西、湖南、山东、贵州、浙江等省市成立了志愿者服务团队，开展相关助学项目，已经支出善款 470 多万元，累计持续资助帮扶 1100 多名贫困学生[①]。山东省明日之星教育基金会秉承"致力公益慈善事业，关爱青少年成长，倡导企业公民责任，推动社会和谐进步"的宗旨，致力于改善九年义务阶段孩子的教育环境，为九年义务阶段中小学生资助教学设备、学习用品、图书等，助学足迹遍布全国 25 个省区市，帮助学生达 28 万余人，捐赠物资金额达 2.79 亿元[②]。深圳市恒晖公益基金会发起"传薪计划"（"抱薪者子女教育陪伴"公益项目），为新冠肺炎疫情中牺牲的抗疫英雄的 0—22 岁子女提供长期教育资金支持，2020 年底项目已累计支持 101 个英雄家庭的 159 名子女，2020 年拨付成长教育资金达148.84 万元（余令、游晓庆、饶锦兴，2021）。

（2）提供医疗卫生服务

我国医疗卫生事业的发展水平仍与城乡居民日益增长的医疗卫生服务需求不相适应，"看病难、看病贵"问题仍然突出。社会组织提供疾病防治、养生保健、食品卫生、健康教育等医疗卫生服务，不仅能够满足多样化、多层次的医疗服务需求，也能优化医疗卫生资源的配置，更能提高儿童、老人、低收入者等弱势群体享有的医疗卫生服务水平。行业协会等社会组织对医疗卫生服务机构的医疗服务行为的规范和监督，也有利于提高我国医疗卫生服务的质量。

2014 年北京市密云区医学会深入敬老院、学校和困难户家庭，免费体检及访视慢性病患者 7842 人，接待咨询及义诊 2 人，新建健康档案 8515

[①] 数据来源于中国社会组织公共服务平台：http://www.chinanpo.gov.cn/760003/119516/shzzfpindex.html.

[②] 数据来源于中国社会组织公共服务平台：http://www.chinanpo.gov.cn/760003/119404/shzzfpindex.html.

份，家庭医生服务签约 3651 份，直接受益人达 49889 人。①2014 年 9 月，天津市慈善协会联合天津爱尔眼科医院为天津市患有白内障的 70 岁以上和低保、五保老人免费实施手术。②中国红十字基金会"小天使基金"2005 年设立以来，累计资助贫困白血病患儿达 3.2 万人，资助总额超过 10 亿元，在全国 18 个省区市发展了 25 家定点医院，仅 2018 年就资助贫困白血病患儿 5599 名（资助金额达 1.76 亿元）③。新冠肺炎疫情发生以来，社会组织积极参与疫情防控工作（李维安等，2020）。例如，江西省有 53 个社会工作服务机构、226 个在民政部门登记注册的志愿服务组织共计 40 余万名人员参与疫情防控工作；湖南省有 14 个市州累计 1903 家社会组织、74000 余名志愿者参与疫情防控工作。④根据《中国社会组织报告（2021）》的数据，2020 年全国共有 5289 个慈善组织、红十字会累计筹集捐赠资金 396.27 亿元，捐赠物资 10.9 亿件。

（3）提供养老服务

根据图 4-2、表 4-2、《2017 年社会服务发展统计公报》和《2020 年民政事业发展统计公报》的数据，60 周岁及以上老年人口由 2010 年的 1.7765 万人增加到 2020 年的 26402 万人，占全国总人口的比重由 2010 年的 13.3% 增加到 2020 年的 18.7%。2021 年国家第七次人口普查数据显示，我国 60 岁及以上人口约为 2.64 亿人，占总人口的 18.7%，比 2010 年的第六次全国人口普查时提高了 5.4 个百分点。我国 65 岁及以上人口 1.91 亿人，占总人口的 13.5%，比 2010 年的第六次全国人口普查时提高了 4.63 个百分点。⑤

---

① 北京市社会组织公共服务平台. 密云县医学会以"服务社会我行动，为民健康做贡献"为主题，采取不同形式开展了多项活动[EB/OL]. http://www.bjsstb.gov.cn/wssb/wssb/xxfb/showBulltetin.do?id=49127&dictionid=904&websitId=100&netTypeId=2，2014-09-17.

② 李海燕. 天津市慈善协会为白内障老人送光明 70 岁以上老人享免费手术[N]. 每日新报，2014-09-25.

③ 中国社会科学网. 中国红基金会资助五千余白血病患儿 [EB/OL]. http://ex.cssn.cn/shtt/201812/t20181211_4791353.shtml，2018-12-11.

④ 韦孜澄. 社会组织参与应对突发重大公共卫生事件的路径变化研究——基于抗击非典疫情时期到新冠肺炎疫情防控时期的分析[J]. 领导科学论坛，2021（12）：57-64.

⑤ 单苗苗. 社会组织参与老龄社会保障治理的发展路径[J]. 中国人力资源社会保障，2021（11）：27-29.

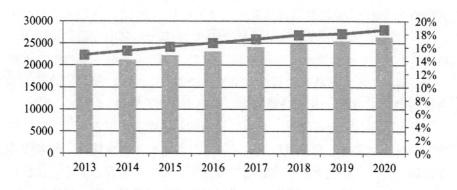

图 4-2　2013—2020 年 60 周岁及以上老年人口及其比重变化趋势

表 4-2　2013—2020 年 60 周岁及以上老年人口及其比重

指标	2013	2014	2015	2016	2017	2018	2019	2020
人口规模（万人）	20243	21242	22200	23086	24090	24949	25388	26402
比重（%）	14.9	15.5	16.1	16.7	17.3	17.9	18.1	18.7

数据来源：《2017 年社会服务发展统计公报》《2020 年民政事业发展统计公报》

　　人口老龄化、高龄化的趋势导致对养老服务的需求不断增加，我国目前养老服务的供求矛盾非常突出。2019 年 4 月，国务院办公厅印发了《关于推进养老服务发展的意见》，明确提出"持续完善居家为基础、社区为依托、机构为补充、医养相结合的养老服务体系，确保到 2022 年在保障人人享有基本养老服务的基础上，有效满足老年人多样化、多层次养老服务需求"的养老服务发展目标。

　　社会组织是社会化养老服务体系的重要生力军，是养老服务领域的"社会活水"（双艳珍，2021）。社会组织动员更多的社会资源参与提供养老服务，对于提高老龄人口的生活质量和缓解养老服务供求矛盾具有积极作用。例如，2021 年英国 90% 的养老服务被政府外包给独立机构，社会组织成为仅次于私营部门的养老服务提供主体。[①] 《2017 年社会服务发展统计公报》：全国各类养老服务机构和设施 15.5 万个，其中注册登记的养老服

_____

　　① 双艳珍. 推动政府与社会组织形成合作养老服务合力——基于构建政府与社会组织互信关系的视角[J]. 新视野，2021（6）：48-54.

务机构 2.9 万个，社区养老机构和设施 4.3 万个。《2020 年民政事业发展统计公报》：全国共有各类养老机构和设施 32.9 万个，其中注册登记的养老机构 3.8 万个，社区养老服务机构和设施 29.1 万个。2020 年与 2017 年相比，全国各类养老服务机构和设施增长 112.26%，其中注册登记的养老服务机构增长 31.03%，社区养老机构和设施增长 576.74%。

养老服务类社会组织更了解基层居民的养老需求，可以直接参与提供政府购买的居家养老服务项目，也可以通过养老服务需求调查、养老服务项目评估、政府养老保障政策制定参与等形式提供间接养老服务。社会组织直接参与提供居家养老服务，既能够缓解政府提供养老服务的压力，还能聚合社会资源提高养老服务的能力，更有利于提高养老服务的质量。具有非营利性质的鹤童养老院采用专业化运作方式和产业化的运营导向，向老龄人口提供所需的养老服务，成为社会组织提供养老服务的典范。宁波市海曙区通过星光敬老协会、居家养老援助服务中心为全区的高龄、空巢（独居）、困难、患病、重度失能的居家老人全天候提供生活服务、紧急救助、家政料理、康复护理、精神养老 5 大类 74 小类的菜单式养老服务，政府通过购买服务给予补贴。[①]浙江鼓励社会组织参与养老服务照料中心的建设和运营，40% 的养老服务照料中心由社会组织运行，尤其是杭州鼓励社会组织积极嵌入示范型居家养老服务中心提供养老服务（双艳珍，2021）。

（4）开展生态环境保护

截至 2012 年底，我国环境类社会组织已达 7881 个，2007 年到 2012 年增长了 38.8%。[②]环境类社会组织积极举办各类环保教育宣传活动，采取各种促进对特定物种的保护的行动，开展诸多环境公益诉讼与法律援助的活动，加强对企业环境行为的监督，并为政府的环保政策制定和实施建言献策，在提升社会公众环保意识、改善公众环保行为、引导企业绿色发展和加强环境违法监督方面发挥了显著的作用。例如，"自然之友"所开展的滇金丝猴和滇西北天然林的救助活动、青海可可西里藏羚羊的保护行动、北京圆明园遗址公园湖底防渗工程项目环境事件的介入行动、"绿色证券"行动、垃圾分类倡导与行动、云南铬渣公益诉讼项目等环境保护行动，取

---

① 宁波市民政局. 居家养老服务供给机制研究 [EB/OL]. http://www.qzmzj.gov.cn/show-42-1278-2.html，2012-12-04.

② 刘毅. 中国环保民间组织近八千个，五年增近四成 [EB/OL]. http://www.chinanews.com/gn/2013/12-05/5584508.shtml，2013-12-05.

得了良好的社会效果。山水自然保护中心所开展的新建保护区管理人员进行保护管理能力培训活动、"云南生态伙伴"网络和生物多样性监测体系的建设活动、社区自主保护生物多样性活动的启动、"留住美好自然、成就绿色中国"大型系列自然保护公益活动、"青海年保玉则生态保护项目"等环境保护行动，增强了社会公众的环境保护责任意识，树立了以社区为基础的环保行动理念。

4.1.4　农村社会组织的社会贡献力

根据民政部《2020 年民政事业发展统计公报》的统计数据，截至 2020 年底，全国基层群众性自治组织 61.5 万个，其中村委会 50.2 万个，村民小组 376.1 万个。

（1）加强农村环境的综合治理

农村社会组织，尤其是农村环境类社会组织，普遍比较关注农村的环境问题，注重维护农村公共环境利益和农民环境权益。农村环保类社会组织利用非营利组织的运作方式，积极开展环境宣传教育，引导农村居民垃圾分类与利用，鼓励居民绿色消费，向企业提供环保信息和建议，推动家庭（社区）绿化行动，维护农村环境整洁。这些社会组织用实际行动提高农村居民的环境保护意识，充分调动农村居民参与农村环境维护的积极性，引导农村居民能够从简单的家庭环境治理行动逐步延伸到社区环境的治理和环境违法行为的监督上来，使环境保护成为所有农村居民的共同行动。农村环境类社会组织还是政府环保部门与农村居民之间的纽带，起到反映农村居民环境诉求和落实政府环境政策的作用。

（2）丰富农村公共文化

农村社会组织结合农村居民的文化需求，通过开展各种健康的文化活动，不仅满足了农村居民的精神文化需求，也陶冶了农村居民的情操。例如，2011 年 5 月，浙江省诸暨市枫桥镇的镇文化站、镇花木盆景协会、枫江书画协会和镇退管中心联合举办了枫桥镇首届民间艺术展，展出 168 盆盆景、58 件根雕、68 幅书画作品。厦门市集美区农村老年协会通过开展文艺演出、秧歌舞大会等各种文化活动满足农村社区老年人的精神文化需求。

（3）提供教育培训服务

农村社会组织向农村居民开展农业科普知识、农业技能方面的教育培训活动，可以提高农村居民技术水平。例如，北京市通州区种养业女状元联谊会与市农林科学院合作举办"农业技能培训班",向潞城镇、西集镇妇女代表教授樱桃树剪枝、病虫防治等技术。[①]

农村社会组织通过各类形式的助学服务,提高农村青少年的受教育水平和综合素质。例如,浙江省枫桥镇的兄弟教育基金对贫困家庭、品学兼优的学生发放奖学金和助学金,到 2011 年 8 月已资助 763 人。枫源村关工委积极开展帮教助学活动,通过枫源村青少年校外活动中心和"春泥计划",加强对青少年的品德教育、法制教育、专业特长培训。

4.1.5　社区性社会组织的社会贡献力

社区性社会组织是指以社区居民为主要成员,以满足社区居民多元需求为目的,以备案管理为主要形式的社会组织形态,是整合社区资源、加强社区建设、推动社区共治、服务社区居民的重要载体和力量(南方、齐鲲、纪冀蜀,2018)。2013 年民政部联合财政部发布的《关于加快推进社区社会工作服务的意见》提出要"探索建立以社区为平台、社会组织为载体、社会工作专业人才为支撑的新型社区服务管理机制"(苗月霞,2020)。2016年中共中央办公厅、国务院办公厅联合印发《关于改革社会组织管理制度促进社会组织健康有序发展的意见》将城乡社区类社会组织定义为直接向县级民政部门依法申请登记的、为满足城乡社区居民生活需求、在社区内开展服务活动的社会组织,明确提出要"大力培育发展社区社会组织"。2017年中共中央、国务院在《关于加强和完善城乡社区治理的意见》中明确提出"大力发展在城乡社区开展纠纷调解、健康养老、教育培训、公益慈善、防灾减灾、文体娱乐、邻里互助、居民融入及农村生产技术服务等活动的社区社会组织和其他社会组织"。

（1）社区性社会组织的社会治理优势

2014 年 3 月 5 日,习近平总书记在参加十二届全国人大二次会议上海代表团审议时指出:"社会治理的重心必须落到城乡社区,社区服务和管理能力强了,社会治理的基础就实了。"城乡社区是社会治理的基本单元,是推动社会治理重心向基层下移的重要手段,是社会善治的"润滑剂"和"缓冲器"。《关于改革社会组织管理制度促进社会组织健康有序发展的意见》提出"大力培育发展城乡社区社会组织,推动多元主体参与社会治理格局"

---

① 北京民政网. 通州区社会组织"三进三送"开展系列公益服务[EB/OL]. http://www.bjmzj.gov.cn/news/root/qxmz/2014-04/110390.shtml?NODE_ID=root,2014-05-14.

的目标。2016 年 7 月，民政部、国家发展和改革委员会联合发布了《民政事业发展第十三个五年规划》，把"支持发展在城乡社区开展为民服务、养老照护、公益慈善、促进和谐、文体娱乐等活动的社区社会组织"列入提高社会治理能力和水平的重要内容（朱颖慧、连玉明、邢旭东、张俊立，2018）。社区性社会组织借助人性化、特色化、柔性化的服务方式，可以在社区医疗救助、环境保护、便民服务、社区治安、社区养老、法律援助等方面发挥重要作用，有助于推进城乡社区治理的民主化、网络化、网格化、精细化。

（2）我国社区性社会组织的规模及发展状况

如图 4-3 所示，社区服务机构和设施、社区服务中心（站）不断增加，社区服务中心（站）的增长率呈现先快速增长后急剧下降的态势，2015 年以来保持小幅下降趋势。根据民政部《2017 年社会服务发展统计公报》的统计数据，2017 年全国共有社区志愿服务组织 9.6 万个，社区服务指导中心 619 个（其中农村 16 个），社区服务中心 2.5 万个（其中农村 1.0 万个），社区服务站 14.3 万个（其中农村 7.5 万个）。城市社区服务中心（站）覆盖率 78.6%，农村社区服务中心（站）覆盖率 15.3%。2018 年我国社区社会组织达 39.3 万个，其中基层民政部门登记 6.6 万个，街道和社区管理 32.7 万个（苗月霞，2021）。

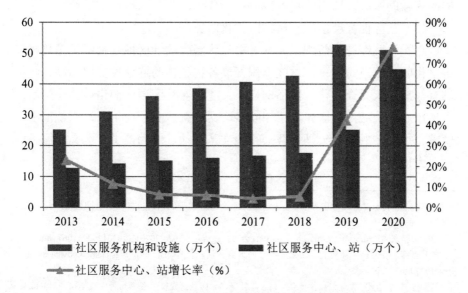

图 4-3　2013—2020 年社区服务机构和设施情况

（3）社区性社会组织开展社区养老服务

社区性社会组织最了解社区居民的需求，能够因地制宜地向本社区老年居民提供养老服务。在地理位置上更临近老年居民，在服务需求上更了解老年居民，在服务方式上更关爱老年居民，在服务内容上更适应老年居民，因而社区性社会组织能够以便捷、经济、温馨的形式提供社区养老服务，有些社区养老组织被称为"无围墙的养老院"。北京市西城区的玖玖缘文化养老中心、丰台区"爱心传递热线"、生命关怀中心等社区性社会组织在开展社区养老服务方面发挥了重要作用。安徽省合肥市包河区的爱邻社工服务社为社区老年人提供生活照料、保健康复、生命关怀、助餐服务等居家养老服务（王连彦、汪扬，2014）。苏州市沧浪区"邻里情"虚拟养老院配备专业家政服务人员 120 多名，为社区居民提供 50 多项居家养老服务。[①]内蒙古自治区安排 2000 万元开展政府向社会组织购买服务工作，138 家社会组织承接了居家养老、失能老年人照护等 8 项服务。[②]

（4）社区性社会组织提供社区医疗救助

社区性各类社会组织通过不同的救助形式，以灵活的方式向社区内的困难人群、患病人群、失能人群、残疾人群提供多样化的医疗救助服务，更好地满足社区弱势群体的医疗服务需求。例如，铜陵市铜官区阳光社区社会组织联合会为社区低保对象、低收入家庭和高龄老人提供"一站式"的医疗救助服务，取得了良好效果。[③]

（5）社区性社会组织开展社区文化服务

各类社区性社会组织，尤其是文化休闲类的社区性社会组织是传播精神文化的重要组织载体，这些组织开展各种各样的群众性文化活动，既能够有效地传承大众文化、民俗文化，又能丰富社区居民的精神文化生活。大连市 647 个城市社区建立了 400 多个文化宣传类社会组织，组织演唱、舞蹈、摄影、书法、绘画等群众特色文艺活动，成为提供社区文化服务的重要力量。[④]

---

① 孙燕. 关于提升江苏省苏南地区社会组织服务管理水平的调研报告[J]. 社团管理研究，2012（05）：44-48.

② 资料来源：http://mzzt.mca.gov.cn/article/zt_2021gzhy/hw2020/202012/20201200031067.shtml.

③ 蔡霞. 阳光社区开展"一站式"医疗救助宣传活动[EB/OL]. http://ygsq.ahnpo.gov.cn/webinfo/jjxw/1937.html，2014-05-19.

④ 宿玥，李佳芮. 大连市社区社会组织参与社区建设问题研究[J]. 长春市委党校学报，2013（02）：74-80.

（6）社区性社会组织实施社区法律援助

社区性社会组织根据社区居民的需要，通过开展提供法律咨询、法制宣传教育、法律讲座、免费提供法律帮助等法律援助活动，不仅增强社区居民依法维权的意识，满足了社区困难居民的法律援助需求。例如，福建省福州市鼓楼区开元社区的法律援助站长期为社区居民提供所关心的拆迁政策、劳动权益保障、婚姻家庭问题、社会保障等方面的法律援助服务，甘肃省天水市秦州区西关街道环西社区的法律援助中心针对社区居民举行"法律援助进万家"活动，天津市东丽区的法律援助中心开展法律援助进社区活动，这些法律援助活动取得了良好的社会效果。

4.2　社会组织社会贡献力的实证分析——社会满意度评价

4.2.1　社会满意度评价的指标体系构建与问卷设计

在文献研究的基础上，经过专家访谈，构建了社会组织社会贡献力的满意度评价指标体系，包括 3 个一级指标，9 个二级指标，具体见表 4-3。

表 4-3　社会组织社会贡献力满意度评价指标

评价	一级指标	二级指标
满意度总体评价	民生建设贡献力 Y_1	承接政府职能 X_1
		促进就业功能 X_2
		提供扶贫救济 X_3
	社会管理贡献力 Y_2	促进社会治理 X_4
		维护各方权益 X_5
		管理非公经济 X_6
	公共服务贡献力 Y_3	提供教育培训 X_7
		医疗卫生服务 X_8
		生态环境保护 X_9

问卷调查采用满意度测评的方式，由受访者根据满意度情况采用 1—10 分的打分方式，对于 9 项二级指标进行打分。打分分值对应的满意度标准为：1—3 分视为"很不满意"，4—5 分视为"不满意"，6—7 分视为"基本满意"，8—9 分视为"比较满意"，10 分视为"很满意"。在计算满意率时，"基本满意""比较满意"和"很满意"视为"满意"。

本次社会组织社会贡献力满意度调查以天津市 16 个区为调研区域，

向天津市城乡居民随机发放了 800 份调查问卷，回收问卷 753 份，有效问卷 701 份，有效率 93.09%。

4.2.2 社会组织社会贡献力的满意度评价过程

（1）层次分析法下各级指标权重的计算

运用层次分析法，采用 1—9 的标度法，通过同层指标重要性的两两比较，得出各级指标的判断矩阵，由此确定各指标的权重值。

一级指标的判断矩阵见表 4-4，经计算后得权重向量 W=(0.357，0.234，0.409)T，最大特征值 λ_{max}=3.074，一致性检验指标 CR=0.064，通过一致性检验。

民生建设贡献力下二级指标的判断矩阵见表 4-5，经计算后得权重向量 W=(0.401，0.384，0.215)T，最大特征值 λ_{max}=3.013，一致性检验指标 CR=0.010，通过一致性检验。

社会管理贡献力下二级指标的判断矩阵见表 4-6，经计算后得权重向量 W=(0.416，0.324，0.260)T，最大特征值 λ_{max}=3.000，一致性检验指标 CR=0.000，通过一致性检验。

表 4-4　一级指标的判断矩阵

指标	Y_1	Y_2	Y_3
Y_1	1	2	2/3
Y_2	1/2	1	3/4
Y_3	3/2	4/3	1

表 4-5　民生建设贡献力下的二级指标的判断矩阵

指标	X_1	X_2	X_3
X_1	1	7/6	5/3
X_2	6/7	1	2
X_3	3/5	1/2	1

表 4-6　社会管理贡献力下的二级指标的判断矩阵

指标	X_4	X_5	X_6
X_4	1	9/7	8/5
X_5	7/9	1	5/4
X_6	5/8	4/5	1

公共服务贡献力下二级指标的判断矩阵见表 4-7，经计算后得权重向量 W=(0.319，0.437，0.244)T，最大特征值 λmax=3.000，一致性检验指标 CR=0.000，通过一致性检验。

各二级指标相对于评价总目标的权重计算结果见表 4-8。

表 4-7 公共服务贡献力下的二级指标的判断矩阵

指标	X_7	X_8	X_9
X_7	1	5/7	4/3
X_8	7/5	1	7/4
X_9	3/4	4/7	1

表 4-8 二级指标相对于总目标的权重

评价	一级指标	二级指标	各指标相对于总指标的权重
满意度总体评价	民生建设贡献力 Y_1（0.357）	承接政府职能 X_1（0.401）	0.143
		促进就业功能 X_2（0.384）	0.137
		提供扶贫救济 X_3（0.215）	0.077
	社会管理贡献力 Y_2（0.234）	促进社会治理 X_4（0.416）	0.097
		维护各方权益 X_5（0.324）	0.076
		管理非公经济 X_6（0.260）	0.061
	公共服务贡献力 Y_3（0.409）	提供教育培训 X_7（0.319）	0.130
		医疗卫生服务 X_8（0.437）	0.179
		生态环境保护 X_9（0.244）	0.100

（2）社会组织社会贡献力满意度评价结果

就社会组织的民生建设贡献力而言，72.75%的调查对象对社会组织承接政府职能作用表示满意，在满分为 10 分的情况下该项指标的社会满意度得分为 6.130；67.05%的调查对象对社会组织促进就业的作用表示满意，在满分为 10 分的情况下该项指标的满意度得分为 5.903；76.75%的调查对象对社会组织提供扶贫救济的作用表示满意，在满分为 10 分的情况下该项指标的满意度得分为 6.315。社会公众对社会组织承接政府职能、提供扶贫救济的作用"基本满意"，对于社会组织促进就业的作用"不满意"。在满分为 10 分的情况下社会组织民生建设贡献力的满意度得分为 6.083，表明社会公众对社会组织在民生建设方面的贡献力"基本满意"。

就社会组织的社会管理贡献力而言，69.76%的调查对象对社会组织促进社会治理的作用表示满意，在满分为 10 分的情况下该项指标的满意度得分为 6.104；67.62%的调查对象对社会组织维护各方权益的作用表示满意，在满分为 10 分的情况下该项指标的满意度得分为 6.047；62.77%的调查对象对社会组织管理非公经济的作用表示满意，在满分为 10 分的情况下该项指标的满意度得分为 5.792。社会公众对社会组织促进社会治理、维护各方权益的作用"基本满意"，对于社会组织管理非公经济的作用"不满意"。在满分为 10 分的情况下社会组织社会管理贡献力的满意度得分为 6.004，表明社会公众对社会组织在社会管理方面的贡献力"基本满意"。

就社会组织的公共服务贡献力而言，86.45%的调查对象对社会组织提供教育培训的作用表示满意，在满分为 10 分的情况下该项指标的满意度得分为 7.040；68.33%的调查对象对社会组织提供医疗卫生服务的作用表示满意，在满分为 10 分的情况下该项指标的满意度得分为 6.088；63.20%的调查对象对生态环境保护的作用表示满意，在满分为 10 分的情况下该项指标的满意度得分为 5.947。社会公众对社会组织提供教育培训的作用"比较满意"，对社会组织提供医疗卫生服务的作用"基本满意"，对社会组织在生态环境保护方面的作用"不满意"。在满分为 10 分的情况下社会组织社会管理贡献力的满意度得分为 6.358，表明社会公众对社会组织在公共服务方面的贡献力"基本满意"。

根据每个二级指标满意度得分和各二级指标相对于总目标的权重计算出社会组织社会贡献力的综合得分=6.130×0.143+5.903×0.137+6.315×0.077+6.104×0.097+6.047×0.076+5.792×0.061+7.040×0.130+6.088×0.179+

5.947×0.100=6.176。由此计算结果来看，天津市社会公众对社会组织社会贡献力"基本满意"。

4.3　我国社会组织社会贡献力的典型案例分析

4.3.1　浙江省农村社会组织在社会管理中的社会贡献

农村社会组织能够广泛了解农村居民的利益诉求，利用特有的优势组织农村居民有序参与农村社会管理，搭建社会组织与政府部门间的沟通平台，实现"下情上达"，因而能够有效缓解农村社会矛盾，实现农村地区的和谐稳定。

（1）农村社会组织协同社会治理的"枫桥模式"

浙江省诸暨市枫桥镇在加强农村社会管理综合治理的过程中，农村社会组织协同政府部门参与社会管理，形成了"枫桥模式"。

面对农村经济社会转型中出现的各种问题，枫桥镇在健全社会管理综合治理机构和拓宽村民利益诉求主渠道的同时，按照"党委领导、政府负责、社会协同、公众参与、法治保障"的社会管理新格局下充分动员社会组织参与社会管理，形成了多元主体协同治理的社会管理机制。枫桥镇组建了包括专业服务队、管理服务队、专业服务队的三级服务团队，在所属镇域开展"网格化管理、组团式服务"。枫桥镇建立了镇级的文教卫生、综治协管、村镇建设、应急救助和综合抢修 5 支专业服务队，在每个村（社区）建立了村级的网格服务队，在每个村（社区）网格化的管理区内建立了社会事业、治保调解、村镇建设等专业服务组。

在各类社会组织都广泛参与社会管理的同时，枫桥镇至少有超过人口10%的居民通过义务巡防队、平安志愿者、义务消防队等各种志愿活动参与了社会管理。这种"社会协同、公众参与"的"网格化管理、组团式服务"模式被称为"枫桥模式"，"枫桥模式"在整合政府部门、社会组织等多元化社会治理主体参与社会管理、保障农村社会稳定方面具有良好的社会效应。

（2）农村社会组织协同村民自治的"后陈模式"

为了有效化解村民与村干部之间的矛盾，强化村民自治，实现村庄民主治理，浙江省武义县积极推动村级社会组织建设，在村级建立村务监督委员会，协同村民开展自治。武义县将白洋街道的后陈村首先作为实施村务监督改革的试点村，2004 年后陈村召开村民代表会议，选举出村务监督委员会。村务监督委员会是村民广泛参与村务民主监督的组织平台，主要职能包括监督村级管理制度实施、审核村级事务和村级财务、参与村务管理决策、罢免村委会成员、协同村庄治理等。后陈村建立了全国第一个村务监督委员会，搭建了反映村民民主治理需求和自主参与村庄治理的平台。

在后陈村取得良好效果后，武义县在546个村（社区）推行了村务监督改革，全部建立了村务监督委员会。对村务监督委员会制度实施情况的检查考核结果表明，村务监督委员会的建立减少了农村地区的社会矛盾，促进了农村地区的和谐稳定。2009 年浙江省推广武义县的"后陈模式"，在全省3万多个行政村建立了村务监督委员会，取得了农村地区良好的社会管理效果。

（3）融合性社会组织协同治理的"慈溪模式"

浙江省慈溪市是我国重要的生产制造基地，发达的私营经济吸引了大量的外来人口。由于外来人口的持续增加，引发了当地居民与外来务工人员之间的利益纠纷，社会管理问题比较突出。为了缓解新老居民之间的利益矛盾，促进农村社会的和谐稳定，浙江省慈溪市广泛培育融合性社会组织——和谐促进会，由融合性社会组织和基层政府部门进行协同治理。

2007 年慈溪市成立了暂住人口服务管理局、"市村级和谐促进会建设指导办公室"和"市外来务工人员维权服务中心"，在村级建立了包括本地村民、外来务工人员参与的和谐促进会，共同解决村（社区）的社会管理和社会服务问题。村级和谐促进会由村党支部书记担任会长，由具有较强服务意识、较高社会威望的外来人员担任专职副会长，并根据外来人口居住情况划分片、组，负责人由外来人口中的优秀人员担任。

2011 年底，慈溪市347个村（社区）全都建立了和谐促进会，划分出1600 个片和6456 个组，聘任13000 余名热心公益事业的外来务工人员、村民组长、社区保安人员等志愿者担任正副组长，实行包片负责、包干到户的责任制度，协同解决社会管理中出现的各种问题。

4.3.2　中华环保联合会在环境治理中的社会贡献

中华环保联合会成立于2005 年4 月22 日，由热心环保公益事业的人士、企业、事业单位自愿结成。成立以来，中华环保联合会为维护国家、公众生态环境权益，开展了诸多涉及环境权益维护、环境公益诉讼、环境法律援助、环境宣传教育的公益实践活动。

（1）积极开展各类环境公益项目

2008 年 4 月，中华环保联合会在国家环保总局的支持下，开展大型环保公益活动——"环保急先锋——寻找凯德'绿色家庭'"活动。在北京、上海、广州、成都四个城市以征集家庭绿色创意作品的形式评选绿色家庭，北京电视台、上海第一财经、南方卫视、成都电视台等多家电视台对网络评选出的作品进行了展播，2008 年最终评选出十大创意作品。2009 年 6 月，中华环保联合会与浙江增益科技公司合作开展了"增益 2009 绿色家庭评选活动"，这次活动得到了全国妇联、第十一届全国运动会组委会、上海世博会的大力支持。由中华环保联合会所开展的各种绿色家庭评选活动，带来了较大的社会效应，取得了显著的社会效果。

2009 年 9 月，中华环保联合会和圣元营养食品有限公司在全国范围内开展了"绿色生活，感受圣元"回收包装环保公益活动，旨在减少"白色污染"来源和鼓励消费者养成节约资源、保护环境的良好行为习惯。到 2009 年 11 月底，全国 248 个城市共回收空包装 306998 个，其中空罐 178861 个、空盒 80019 个、空袋 48118 个。

2011 年 3 月，为加强环境保护教育，中华环保联合会在全国范围启动"城市 LED 环境警示宣传屏"项目。"城市 LED 环境警示宣传屏"项目的核心任务就是在全国 360 个城市分别建设 1—2 块大型户外 LED 显示屏，制作播出环保理念、环境警示、环保产业发展、环境责任、环保行动等内容的节目和广告。

（2）积极开展环境公益诉讼

2011 年 7 月 21 日，中华环保联合会在接到贵阳市修文县群众对贵州好一多乳业股份有限公司未启用排污处理设施、随意排放工业废水影响周边居民生产生活、自然环境的投诉后，于 2011 年 7 月 25 日对排污口处所排污水取样送检，发现该公司排放污水的多项指标超过国家标准，严重影响公共环境利益。2011 年 10 月 12 日，中华环保联合会向贵州省清镇环保法庭提起环境公益诉讼，贵州省清镇环保法庭正式受理了这一环保公益诉讼案件，并成功受理了中华环保联合会向法庭提出的对贵州好一多乳业股份有限公司排污现场证据保全的申请。①

---

① 中华环保联合会. 环境法律服务：维权典型案例[EB/OL]. http://www.acef.com.cn/envlaw/wqdxal/list_23_1.html，2012-03-28.

2011 年 2 月，中华环保联合会接到有关安徽省铜陵市超彩钛白科技（安徽）有限公司多年肆意排污严重污染长江水环境的投诉后，联合志愿律师赴实地调查，鉴定机构的检测结果显示所排放的废水属强酸性，悬浮物达 250mg/L，大大超过国家的污水综合排放标准。在证实该公司长期在夜间将有害废水径直排入长江后，中华环保联合会武汉海事法院提起环境公益诉讼，判令超彩钛白科技（安徽）有限公司立即停止排放超标废水，停止对长江水域进行污染，并采取修复措施解除对长江水域的污染危险。

2012 年 10 月 9 日，中华环保联合会向江苏省无锡市滨湖区人民法院起诉无锡市蠡湖惠山景区管理委员会、第三人无锡太湖明珠欢乐园有限公司、无锡市动物园管理处生态环境侵权纠纷。2012 年 12 月 5 日，江苏省无锡市滨湖区人民法院公开审理此案。2012 年 12 月 19 日，法院依法做出判决，支持了中华环保联合会的诉讼请求。

中华环保联合会自成立以来，介入环境污染案件 560 起，支持环境公益诉讼案件 13 起。[①]

（3）积极开展环境法律援助和环境法律培训

中华环保联合会目前拥有 287 名志愿律师和 75 家志愿律师事务所，在开展环境法律援助和培训研习方面产生了良好的社会效应。

2012 年 6 月 26 日，中华环保联合会接到湖南省岳阳市群众对岳阳县宏康陶瓷有限公司长期排放废气，损害长湖苗木花卉发展有限公司环境权益的电话投诉后，于 7 月和 10 月两次派出调研组赴实地调研，证实岳阳县宏康陶瓷有限公司所排放含烟尘、重金属等废气导致了长湖苗木花卉发展有限公司的大量花卉、树木死亡，损失惨重。2012 年 7 月 23 日，中华环保联合会联合志愿律师事务所——湖南人和律师事务所对该污染案件进行法律援助。2012 年 10 月 30 日，中华环保联合会联合志愿律师向岳阳市中级人民法院提出对长湖苗木花卉发展有限公司花卉、树木进行损害原因的补充鉴定，证实该公司的花卉、树木损害与岳阳县宏康陶瓷有限公司存在直接因果关系。

中华环保联合会举办了十二届志愿律师环境法律研习班，邀请全国的环境维权志愿律师和志愿律师事务所代表参加培训学习，学习内容涉及

---

① 中华环保联合会. 中华环保联合会：扛起环境维权旗帜[EB/OL]. http://www.jscharity.org.cn/gzdt/cishanwenhua/2013-03-26/4592.html, 2012-03-26.

环境保护法律的功能、环境损害赔偿的规则体系、环境诉讼的证据法、典型环境污染纠纷调解解决等。中华环保联合会还举办了环境律师高级培训班，通过环境案件的实例分析、学员间环境实务案件经验的交流，提高了志愿律师环境维权的能力和水平。

4.3.3　北京市西城区白纸坊街道社区性社会组织发展实践

2015 年根据《民政部确认 40 个全国社区治理和服务创新实验区》的部署，北京市西城区发布了《北京市西城区推进全国社区治理和服务创新实验区建设的实施方案》，针对培育发展社区社会组织提出"建立社会工作专业机构孵化社区社会组织机制、推动社区社会组织转型发展、加强社区社会组织培训工作、强化社区社会组织的引导作用"等任务（朱颖慧、连玉明、邢旭东、张俊立，2018）[①]。西城区白纸坊街道以社会组织孵化器为依托，从政策、资金、场地等方面大力培育和创新社区性社会组织，采用社会组织孵化基地结合"1+1"（即专业社工助推社会组织）的方式推进特色社会组织的孵化培育，培育发展精品社区性社会组织。白纸坊街道已经备案的社区性社会组织有 107 个，覆盖 18 个社区，其中 38 个属于社区服务福利类，12 个属于社区治安民调类，4 个属于社区医疗计生类，30 个属于社区文体科教类，6 个属于社区环境物业类，17 个属于社区共建发展类。公益性社会组织比例达到 35%，主要提供扶困助老助残、便民维修、服务咨询等服务（朱颖慧、连玉明、邢旭东、张俊立，2018）[②]。

（1）推进"1+1"专业社工助推社区服务

白纸坊街道以社会组织孵化基地为依托，针对社区的工作特色详细制订了社会组织活动计划。2014 年首次推选建功南里社区的暖心志愿服务队和菜园街社区的开心农庄两个社区社会组织申报区级"1+1"助推项目。自"1+1"实施以来，街道根据发展重点精心挑选社区与社区性社会组织，对每个社会组织给予活动资金支持，各社会组织根据实际设置活动项目，开展为民服务。

白纸坊街道在 18 个社区培育了 18 支社区社会组织，开展"1+1"专业社工助推社区性社会组织发展项目，在提高社区公益金绩效、扩大社区受益人群范围等方面起到了积极的促进作用。右内西街社区阳光天使乐园

---

① 连玉明. 北京街道发展报告 No.2 新街口篇[M]. 北京：社会科学文献出版社，2018.

② 连玉明. 北京街道发展报告 No.2 白纸坊篇[M]. 北京：社会科学文献出版社，2018.

的志愿者由社区积极分子、党员组成，参加"1+1"助推后，举办了环保知识竞赛、手工艺品制作、萌娃萌照比拼、消防博物馆参观、北京天文馆参观、暑期运动会等多种活动，丰富了社区青少年的节假日生活，促进了社区年轻父母之间、家长孩子之间的交流。

（2）发动社区性社会组织参与社会服务管理

白纸坊街道的社区性社会组织 2015 年开展活动 697 次，服务 46819 人次。社区性社会组织积极参与春节等的安保工作，全国文明城区、卫生城区创建工作，街道拆除违章建设等街道重点工作。右内西街扶困助老志愿者队以志愿者和困难党员一帮一的方式，为社区老年人，尤其是生活困难的空巢老人提供形式多样的帮助。菜园街"开心农庄"积极服务社区内的青少年、流动儿童及其家庭，开展系列"低碳护绿"主题种植活动和"绿色环保"主题相关活动。

（3）推进社区社会组织参与社会建设项目

白纸坊街道以购买服务的形式与睦友社会工作事务所合作，2016 年开展了"新势力社区工作者能力提升项目"，开展调研工作 18 次、能力提升工作坊 3 次、团队建设活动 4 次等，全年参与人员 450 人次，通过专业社工的指导和培训提高了社区工作者的专业服务能力；与睦友社会工作事务所联合申报西城区 2016 年社会建设项目——"聚能力，促发展"社区社会组织能力提升项目，开展了"我的地盘我做主"组织管理制度工作坊、"社区帮手"骨干培育小组、"齐参与、促发展"素质拓展团队建设、"领袖之家"社区社会组织服务能力提升示范等 24 次活动，参与人次达 746 人次。

第5章 增强社会组织的经济社会贡献力的政策路径

5.1 完善数据采集和监测体系，建立社会服务数据库

5.1.1 完善数据采集和监测体系

信息技术快速发展的情况下，数据在社会组织体制改革决策中的重要性日渐凸显。对于政府部门而言，透过数据可以清晰了解社会组织的发展动态，为社会组织发展决策提供支持。对社会组织而言，透过数据可以科学衡量社会组织在社会经济领域的活动内容及作用发挥情况，为推进社会组织自身能力建设提供依据。

推进社会组织管理的信息化，完善社会组织网络平台建设，加大各类社会组织网络平台的建设力度和数据信息的采集力度，构建社会组织的公共信息平台——开放型数据库，适时更新社会组织的数据信息。

在完善公共信息平台的基础上，加快社会组织管理信息平台建设，推进社会组织管理的电子信息化，搭建政府主管部门与社会组织之间的电子信息沟通渠道，实现信息共享和数据交换，实现对各类社会组织业务开展情况的动态监测，根据社会组织的数据应用需求，建立监测指标和评价指标，科学评测社会组织的发展及活动情况，定期发布数据分析报告[①]。

5.1.2 建立社会服务数据库

在建设社会组织公共信息平台的基础上，由政府、社会组织、企业各方参与投资建设社会服务数据库,将社会组织的公共信息平台与政府部门、企业、行业和各类科研院所的信息平台或网络平台链接，建设成为一个综合性、全方位、共享性的社会服务数据库。以社会服务数据库为平台，以

---

① 张跃国，尹涛. 广州社会发展报告（2018）[M]. 北京：社会科学文献出版社，2018：199-214.

社会组织为第三方载体，以社会各方的服务需求为导向，实现社会服务资源的优化配置。

5.2 优化社会组织结构，提高社会组织竞争力

5.2.1 优化社会组织法人治理结构

按照现代社会组织体制要求，完善法人治理结构，实行民主决策、民主管理、民主监督，使之成为权责明确、运转协调、制衡有效的法人主体（顾朝曦，2014）。社会组织应严格按照社会组织章程的规定优化法人治理结构，依法建立健全会员大会（会员代表大会）、理事会（常务理事会）、监事会（监事）、会长、秘书长、财务管理等机构，依法确定社会组织内部各机构的权利与职责，严格规范各机构组成人员的民主选举程序、聘任程序和议事规则，健全重大活动报告制度、信息公开披露制度、财务预决算报告制度、会员单位（个人）磋商制度、账户管理制度、负责人离任审计制度和民主监督制度，形成民主的选举、决策、管理、监督的机制和规范的运作机制，进一步提升社会组织的治理能力。为提高社会组织的专业化水平，社会组织应加快推进从业人员的职业化和社会组织负责人的公开聘任制度，并健全专职工作人员的薪酬福利制度、社会保障制度和专业培养培训制度。

5.2.2 提高社会组织竞争力

在实现社会组织与行政机关脱钩的同时，根据社会经济事业发展需要，重点培育和优先发展城乡社区类、各行业枢纽型、行业协会商会类、公益慈善类社会组织。

（1）重点培育城乡社区类社会组织

为形成良好的城乡社区社会管理格局和增强城乡社区经济发展的活力，发挥社会组织在城乡社区管理中"稳压器"作用和经济发展中的"活性剂"作用，应大力培育城乡社区类社会组织，加强对城乡社区类建设的政策支持和资金支持。

2020 年 12 月，民政部印发《培育发展社区社会组织专项行动方案（2021—2023 年）》，提出要实施社区社会组织培育发展计划、社区社会组织能力提升计划、社区社会组织作用发展计划和社区社会组织规范管理计

划①，推动社区社会组织在建设人人有责、人人尽责、人人享有的社会治理共同体中更好地发挥作用（苗月霞，2021）。2020 年 9 月，江苏省宿迁市宿城区成立具有综合性功能的社会组织孵化服务中心，实现社会组织的培育孵化、能力建设、公益项目资源对接、公益评估功能一体化（黄晓勇，2021）。2021 年 4 月，陕西省出台培育发展社区社会组织 3 年专项行动实施方案，提出到 2023 年，每个城市社区平均拥有不少于 10 个社区社会组织（西安、宝鸡、汉中、渭南不少于 12 个社区社会组织），每个农村社区平均拥有不少于 5 个社区社会组织。2021 年 6 月，山东省出台《山东省培育发展社区社会组织专项行动实施方案（2021—2023 年）》，提出到 2023 年底，山东省将实现各城市社区平均拥有不少于 12 个社区社会组织，农村社区平均拥有不少于 6 个社区社会组织。②

（2）重点培育枢纽型社会组织

枢纽型社会组织的职能主要包括行业指导和资源支持。行业指导的主要内容是：制定自律公约、服务标准，引导社会组织完善法人治理结构；加大人才培养和专业化建设，为社会组织提供专业培训；开展诚信建设和增强社会组织自身能力建设，促进社会服务项目品牌化、标准化和专业化。资源支持的主要内容是：建设社会组织孵育基地，为其他组织提供服务推介、信息发布、政策咨询、培训交流等服务；承接政府转移职能、购买服务项目，组织其他社会组织共同实施项目合作；发挥资源优势，与其他社会组织形成合力（刘金伟、唐军，2015）。

枢纽型社会组织不仅在基层社会组织与政府之间发挥着"桥梁"作用，也对基层社会组织的培育和发展起着引导与监督的功能。枢纽型社会组织的培育有利于政府职能的转移，降低社会管理的成本和提高公共服务供给的效率，也能促进多层次、良性发展的社会组织管理体系的形成。

（3）重点培育服务作用明显、行业急需的行业协会商会

行业协会商会对于规范市场秩序、加强行业治理、推进产业区域集聚和促进经济合作交流具有重要的功能，政府应优先培育现代服务业、新型战略产业、科技型产业、外向型产业的行业协会商会，扶持发展地方性行业协会商会整合升级为具有较大影响力的区域性行业协会商会，鼓励全国

---

① 黄晓勇，徐明，郭磊，吴丽丽. 社会组织蓝皮书：中国社会组织报告（2021）[M]. 北京：社会科学文献出版社，2021：1-38.

② 顾磊. 社区社会组织 3 年或迎"大变样"[N]. 人民政协报，2021-07-06.

性的行业协会商会根据产业集聚度和产业布局优化调整机构布局。

5.3 改革社会组织管理体制，完善社会组织评估监督机制

党的十八大报告明确提出："加强社会建设，必须加快推进社会体制改革。要围绕构建中国特色社会主义社会管理体系，加快形成党委领导、政府负责、社会协同、公众参与、法治保障的社会管理体制，加快形成政府主导、覆盖城乡、可持续的基本公共服务体系，加快形成政社分开、权责明确、依法自治的现代社会组织体制，加快形成源头治理、动态管理、应急处置相结合的社会管理机制。"党的十八届二中全会通过了《国务院机构改革和职能转变方案》，对社会组织管理体制的改革做出了重大部署。党的十八届三中全会提出激发社会组织活力，党的十九大提出"加强社区治理体系建设，推动社会治理重心向基层下移，发挥社会组织作用，实现政府治理和社会调节、居民自治良性互动"，十九届三中全会强调"依法加强对各类社会组织的监管，推动社会组织规范自律，实现政府治理和社会调节、居民自治良性互动"。社会组织管理改革已经上升为党和国家的重大发展战略（顾朝曦，2014），现代社会组织体制与社会管理体制、基本公共服务体系、社会管理机制是社会建设和社会体制改革的四大重要目标，"形成政社分开、权责明确、依法自治的现代社会组织体制"是社会组织建设和社会组织管理体制改革的任务（冯虹、李东松，2015）。

5.3.1 推进现代社会组织登记管理体制的创新

我国已经颁布了《社会团体登记管理条例》，在取消和下放部分社会组织登记管理审批权方面取得了突破性进展，多个省份下延了非公募基金会和异地商会的登记管理权限（顾朝曦，2014）。

（1）加快实施社会组织的直接登记制度

激发社会组织的活力，就必须改革社会组织的"双重管理"体制，实现社会组织的直接登记，变"依附"为"合作"关系（邓国胜，2012）。社会组织的合法身份是社会组织资源渠道拓展的必备条件，当前政府拨付的资金主要用于支持正规注册的社会组织，正规注册的社会组织才能申请政府购买服务资格（南方、齐鲲、纪冀蜀，2018）。

2012年，民政部启动了全国性社会组织的直接登记。2013年3月随着《国务院机构改革和职能转变方案》的公布，民政部积极推动了行业协会商会类、科技类、公益慈善类和城乡社区服务类四类社会组织的直接登记。

新成立的行业协会商会类、科技类、公益慈善类、城乡社区服务类社会组织不再需要业务主管单位审查同意，统一由民政部门直接登记；下放非公募基金会、异地商会的登记管理权限，将地市级基金会和异地商会的管理权限下放到区县；允许行业协会吸收异地同行会员，跨地区开展活动；基层社区社会组织直接在街道办事处或乡镇备案（刘金伟、唐军，2015）。

2013 年我国直接登记的社会组织占同期登记社会组织的比重达 40%以上，仅北京市直接登记的社会组织占全年社会组织登记量的 33.8%左右。目前已直接登记的社会组织中，行业协会商会类和公益慈善类社会组织最多。2016 年国务院办公厅印发的《关于全面放开养老服务市场提升养老服务质量的若干意见》有关"申请设立养老服务类社会组织，符合直接登记条件的可以直接向民政部门依法申请登记，不再经由业务主管单位审查同意"的规定表明国家对申请养老服务类社会组织的登记做出了重大改进（双艳珍，2021）。目前，一些省份直接登记的社会组织比例仍然相对较低，应加快推进社会组织直接登记制度的实施。民政部门应在细化社会组织分类的基础上，研究各类社会组织直接登记分步实施的方案，加快对社会组织直接登记制度实施工作的推动。对于国家急需且有利于国计民生的社会组织，民政部门应予以优先登记。广州市全国最早全面改革双重管理体制，实行"四无"（无行政级别、无行政事业编制、无行政业务主管部门、无国家机关现职工作人员兼职）、"五自"（自愿发起、自选会长、自筹经费、自聘人员、自主会务）的措施，对科技类社会组织逐步实行全面直接登记。[①]

（2）逐步减少社会组织登记的审批事项

民政部门应当降低基层社会组织登记条件，对于符合经济发展需要但尚未达到登记条件的社会组织应予以备案。对于那些能够增强经济发展活力、有益提高社会服务能力和服务效率的社会组织，民政部门应降低社会组织的准入门槛，放宽资金证明、人数规模、住所等登记条件，放松对社会组织分支机构建立的限制条件，逐步减少社会组织的登记审批事项，在条件成熟的地区探索"一业多会"，在不影响业务活动正常开展的情况下，允许若干社会组织申请登记同一活动场所，为经济社会发展迫切需要的社会组织登记和发展提供宽松的制度环境。放宽社区社会组织登记条件，不

---

① 王鸿飞，何悦，曾铁城，杜瑞娟. 国内外科技类社会组织登记管理的经验借鉴[J]. 中小企业管理与科技（中旬刊），2021（8）：17-18.

再限制社区社会组织的办公场所、活动场所的要求，只要求具有相对固定的活动场地即可（刘金伟、唐军，2015）。

（3）简化社会组织登记的手续

简化社会组织的登记程序，除国家法律法规另有规定外，将社会组织申请的筹备环节与登记环节合并。对于符合登记条件的社会组织，民政部门应缩短审批时间，减少登记环节和手续，推行社会组织网上登记制度。对民办非企业单位审核时，拟定名称及有关材料不符合规定的，由登记管理机关给予指导，一次性告知改正。对于评级较高的社会组织简化年检程序，直接审核通过。

例如，北京市密云区将社会组织登记审批时限缩短为 10 日，将涉农类、社区服务类、公益慈善类社会组织的会员人数降低为 20 人以上，并取消了社会团体筹备批准，简化房产证明环节和年检程序，社会组织登记工作取得了良好的效果。广州市发布了《广州市扶持发展社会工作类社会组织实施办法（试行）》等文，通过简化登记手续为社会组织发展提供良好的政策环境支持[①]。

5.3.2　推进社会组织去垄断化、行政化的改革

（1）推进社会组织去行政化的改革

我国社会组织仍然实施双重管理，在民政部门登记注册前，需要依托一个政府部门做业务主管。这种登记管理的"双轨制"，导致社会组织无法摆脱对政府部门的依赖，"依法自治"难以实现（汪玉凯，2012）。在社会组织管理过程中，"政社不分""政会不分"很容易导致社会组织的行政化问题，影响社会组织开展业务活动的独立自主性和社会组织间的公平竞争秩序。因此，提高社会组织功能和增强社会组织活力的关键就是推进社会组织"去行政化"的改革，使社会组织真正成为依法自治、自我管理、运作有序的独立法人组织。

社会组织要彻底实现"去垄断化、行政化"的目标，就必须理顺社会组织与政府行政机关的关系，制定明确的脱钩实施方案，将社会组织与行政机关在人员、机构、职能、资产、财务、办公地点等方面完全脱钩，取消社会组织的行政事业编制和行政级别，完全实现社会组织与行政机关的

---

① 张跃国，尹涛. 广州社会发展报告（2018）[M]. 北京：社会科学文献出版社，2018：129-143.

机构分设、财产独立、人员分离和职能分开，使行业协会商会真正成为提供服务、反映诉求、规范行为的主体。

考虑到我国社会组织的类别较多，社会组织的"去垄断化、行政化"应坚持"试点先行、分类推进、逐步实施"的原则。十二届全国人大一次会议通过的《国务院机构改革和职能转变方案》明确提出改革社会组织管理制度，逐步推进行业协会商会与行政机关脱钩。2014 年，民政部启动行业协会商会与行政机关脱钩的试点，争取 2015 年底前实现行业协会商会的"去行政化"目标，成为市场化运作、规范化管理的法人主体。

为深入贯彻 2015 年 7 月《中共中央办公厅　国务院办公厅关于印发〈行业协会商会与行政机关脱钩总体方案〉的通知》的精神，2019 年 6 月，国家发展改革委、民政部、中央组织部等十部门联合印发《关于全面推开行业协会商会与行政机关脱钩改革的实施意见》要求将具有以下特征的行业协会商会纳入脱钩范围：会员主体为从事相同性质经济活动的单位、同业人员或同地域的经济组织；名称以"行业协会""协会""商会""同业公会""联合会""促进会"等字样为后缀；在民政部门登记为社会团体法人①。脱钩改革的具体任务包括行业协会商会与行政机关在机构、职能、资产财务、人员管理、党建外事等事项上实现分离；执行民间非营利组织会计制度，单独建账、独立核算；取消对行业协会商会的直接财政拨款，采用政府有关事务委托转移、政府购买服务等方式支持行业协会商会发展。

国家发改委、民政部、中央组织部等十部门联合印发的《关于全面推开行业协会商会与行政机关脱钩改革的实施意见》中要求：按照去行政化的原则，落实"五分离、五规范"的改革要求，全面实现行业协会商会与行政机关脱钩，坚持"应脱尽脱"的改革原则；凡是符合条件并纳入改革范围的行业协会商会，都要与行政机关脱钩，加快成为依法设立、自主办会、服务为本、治理规范、行为自律的社会组织；脱钩的主体是各级行政机关与其主办、主管、联系、挂靠的行业协会商会，其他列入公务员法实施范围和参照公务员法管理的单位与其主办、主管、联系、挂靠的行业协会商会参照执行；改革的主要任务为实现机构分离（取消行政机关与行业协会商会的主办、主管、联系和挂靠关系）、职能分离（厘清行政机关与行

---

① 资料来源：全面推开行业协会商会与行政机关脱钩改革工作动员部署暨专题培训班在京举办，http://www.mca.gov.cn/article/xw/mzyw/201906/20190600017843.shtml，2019-06-19.

业协会商会的职能，剥离行业协会商会现有行政职能）、资产财务分离（取消对行业协会商会的直接财政拨款，通过政府购买服务等方式支持其发展）、人员管理分离（落实行业协会商会人事自主权，规范用人管理，全面实行劳动合同制度，依法依章程自主选人用人）、党建外事等事项分离（脱钩后全国性行业协会商会的党建工作按照原业务主管单位党的关系归口由中央和国家机关工作委员会、国务院国资委党委领导，地方行业协会商会党建工作由各地党委成立的社会组织党建工作机构统一领导，行业协会商会外事工作按照中央有关外事管理规定由住所地政府外事工作机构管理）①。

推进行业协会商会与行政机关脱钩改革进程中，各地区坚持做到"应脱尽脱""五分离②""五不脱③"的原则，使协会商会不再依附于行政机关。自 2015 年 7 月以来，发展改革委、民政部会同有关部门先后开展了三批行业协会商会与行政机关脱钩改革试点工作，795 家全国性行业协会商会中，已经有 422 家全国性协会、5318 家省级协会与行政机关实现了脱钩，拟脱钩 373 家，2020 年底前基本完成全国性行业协会商会及省、市、县各级协会商会的脱钩改革任务④。根据《中国社会组织报告（2021）》的数据，2020年，江苏省推进省级 24 个单位主管的 201 家行业协会商会的脱钩改革，内蒙古 3428 家行业协会商会达到"五分离、五规范"要求，湖南省全面完成全省 646 家、省本级 35 家行业协会商会与行政机关脱钩改革，重庆市完成行业协会脱钩 458 家。截至 2020 年底，共有 728 家全国性行业协会商会和67491 家地方行业协会商会按照"五分离、五规范"的要求基本完成脱钩改革，完成率分别为 92% 和 96%。⑤脱钩改革试点有效推动了政府职能加快转变，激发了行业协会商会的活力，促进了行业协会商会的规范有序发展。

（2）推进社会组织去垄断化的改革

在推进社会组织去行政化的基础上，逐步推进社会组织去垄断化的改

---

① 资料来源：关于全面推开行业协会商会与行政机关脱钩改革的实施意见，http://www.gov.cn/ xin-wen/2019-06/17/content_5400947.htm，2019-06-17.

② "五分离"是指行业协会商会与行政机关在机构、职能、资产财务、人员管理、党建外事事项实现分离。

③ "五不脱"是指"脱钩不脱党的领导""脱钩不脱监管""脱钩不脱指导""脱钩不脱扶持""脱钩不脱服务"。

④ 资料来源：十部门发文：全面推开行业协会商会与行政机关脱钩改革，https://tech.sina.com.cn/ roll/2019-06-18/doc-ihxvckxk0498188.shtml，2019-06-18.

⑤ 民政部社会组织管理局. 行业协会商会和行政机关脱钩改革工作进展情况如何？如何治理非法社会组织？[EB/OL]. https://baijiahao.baidu.com/s?id=1692592163003262588&wfr=spider&for=pc.

革，提高社会组织的服务效率。社会组织去垄断化改革的关键是在社会组织之间引入竞争机制，实现社会组织之间的良性竞争。

5.3.3　完善社会组织的评估机制

2007 年国务院办公厅发布的《关于加快推进行业协会商会改革和发展的若干意见》提出"要加快建立评估机制、建立行业协会综合评估体系"。民政部下发了《关于推进民间组织评估工作的指导意见》《全国性民间组织评估实施办法》等制度文件，明确了社会组织评估的实施要求（刘晓莉、李国正，2017）。2021 年 12 月，民政部印发《全国性社会组织评估管理规定》，对全国性社会组织评估工作的管理体制、评估对象和内容、评估工作程序、评估专家管理、监督管理等作了明确规定，提出全国性社会组织的动态监管要求，提出建立"跟踪评估"和"核查评估"制度。[①]

（1）制定不同的评估政策和评估实施方案

评估方案是开展社会组织评估工作的依据，对于不同类型的社会组织，应制定不同的评估政策和评估实施方案。对于承接政府购买服务的社会组织，还应完善政府购买服务的绩效评价机制。社会组织评估机制的内容包括评估指标体系、社会组织评估机构、评估方式、绩效评估和满意度评估、争议解决机制和评估奖惩机制等。

社会组织评估指标体系的制定应科学合理，指标应包括行为规范、服务能力、服务质量、成本控制、财务公开、公信力评价等方面。

社会组织评估机构主要由项目服务对象、考评专家和第三方专业评估机构、专业评级机构组成，涉及政府购买服务的绩效评估还应包括政府主管部门。

评估方式采取对社会组织的绩效评估和满意度评估两种，满意度评估委托第三专业机构对目标项目服务对象采用问卷调查的方式进行测评。承接政府购买服务的社会组织的综合评估结果作为以后年度确定承接政府购买服务项目的社会组织选择的主要依据，以此激励社会组织提高社会服务的标准和质量。

评估争议解决机制是引入仲裁机构与仲裁机制，采取公开、公平、科学规范的方式解决在社会组织与政府部门间的争议。评估奖惩机制是指构

---

① 民政部. 民政部关于印发《全国性社会组织评估管理规定》的通知[EB/OL]. https://www.chi-nanpo.gov.cn/xwxq?newsType=2351&id=17723,2021-12-10.

建对社会组织的表彰奖励机制和退出机制，对于评估结果良好、运作规范、作用突出、社会公信力高的社会组织从政策上、资金扶持方面给予表彰奖励，对于社会公信力低、运作不规范、作用不显著的社会组织予以退出，对违法违纪、造成不良法律后果的社会组织予以撤销。

（2）完善社会组织第三评估机制

在社会组织评估中引入第三方评估机制，鼓励社会团体、学者专家、中介评估机构参与社会组织的绩效评估，对第三方机构及时公开社会组织的信息，确保第三方做出更科学和客观的绩效评估。第三方评估过程和结果必须透明公开，使社会公众及时了解社会组织的运作、财务状况和公益目标完成情况。制定完善的评估办法和实施方案，要严格依据《全国性民间组织评估实施办法》《全国性社会组织评估管理办法》规范评估实施程序。

5.3.4　完善社会组织的社会监督机制

2016年8月，我国印发了《关于改革社会组织管理制度促进社会组织健康有序发展的意见》，在全面建成小康社会决胜阶段的高度对社会组织提出了严格管理和监督的要求（朱颖慧、连玉明、邢旭东、张俊立，2018）。对于社会组织自身而言，应加强诚信自律建设，提高社会的诚信度和公信力。对于政府主管部门而言，除加强对社会组织的财务监督和审计监督外，还应加强民间审计监督、社会公众监督和第三方监管。

（1）民间审计监督

政府主管部门可以委托具有合格资质的会计师事务所，依法对社会组织的特定经济事项和财务报表的合法性、公允性等进行民间审计查证，促使社会组织规范其财务收支行为，提高社会组织各项资金使用的效率。

（2）社会公众监督

政府主管部门可以聘请社会公众充当社会监督员，依法对社会组织的违法违规行为进行监督；聘请专家、学者、律师、媒体记者等专业人士对社会组织的业务活动、资金使用、运作规范化和服务质量进行监督，社会组织对专业人士提出的质询问题应进行答辩，出现的问题及时整改；对于社会组织的财务事项、业务事项和违法违规事项、绩效评估情况等应及时通过各种媒体公示公开，给予社会公众相应的知情权和监督权。

（3）第三方监管

政府主管部门可以聘请第三方专业评估机构、专业评级机构或其他专业性社会组织对社会组织的业务开展情况、资产运作情况、财务信息公开情况进行信息反馈，促进社会组织公益项目、公益活动运作的规范性和有效性。

（4）同业监管

加强行业协会、商会、行业社团、行业信息中心、评估中心等同业组织的监管，对社会组织的监督具有十分重要的作用。通过建立行业公约、行业章程开展行业规范和行业自律，能够确保各类社会组织领域活动良性发展、有序发展[①]。

5.4　完善社会组织的政府支持政策

党的十八届三中全会提出"激发社会组织活力""正确处理政府和社会关系，加快实施政社分开，推进社会组织明确权责、依法自治、发挥作用"。加大对社会组织发展的支持政策力度，是社会组织活力迸发和动力增强的关键。政府对社会组织持有控制或支持的政策取向，将在很大程度上左右社会组织呈现收缩抑或发展的态势（王昊，2015）。

5.4.1　推动政府对社会组织的职能转移

（1）政府职能转移是培育和壮大社会组织的核心所在

党的十八届三中全会审议通过的《中共中央关于全面深化改革若干重大问题的决定》指出，"必须切实转变政府职能，深化行政体制改革，创新行政管理方式，增强政府公信力和执行力，建设法治政府和服务型政府"，"正确处理政府和社会关系，加快实施政社分开，推进社会组织明确权责、依法自治、发挥作用"，"适合由社会组织提供的公共服务和解决的事项，交由社会组织承担"。政府（特别是基层政府）能否主动将公共服务事项放权，成为政府职能转移的关键。政府职能转移为政府、社会"共同缔造"社会组织让渡了发展的空间，是培育和壮大社会组织的核心所在（梁晨等，2018）。

（2）向社会组织开放更多的公共资源和服务领域

随着行政体制改革的深化和政府简政放权步伐的加快，应尽快厘清政府与社会组织的职能边界，政府要解决"不该管的管得过多""职能越位""该管的没有管好"的问题，应将那些不应由政府行使、自身承担存在效率损失、适宜由社会组织承担或分担的职能和事务进行放权，将那些适合

由社会组织来提供的公共服务，转移给有能力的社会组织承担。政府要从非基本公共服务领域的原有供给职能中退出，对市场机制能够有效调节、社会组织自律管理的事项应主动转移给社会组织，政府主要充当公共服务供给和公共事务管理规则的制定者。随着社会组织的发展壮大和专业化服务水平的提高，政府应加大政府职能转移委托的力度，要向社会组织开放更多的公共资源和服务领域，为社会组织的发展壮大和参与社会管理让渡更大空间（韩修良，2015）。

社会组织在城乡社区服务、基层社会管理等方面具有专业化优势，基层政府让渡出部分类别的社会服务的供给空间，直接向社会组织购买专业化的社会服务。这样，社会组织获得了可持续发展需要的项目资源和发展空间，基层政府真正成为"有所为、有所不为"的有限政府，社会服务和社会管理的压力大大减轻。在政府职能转移的过程中，政府原来特定的专业化社会服务职能（人才就业服务、信息化服务、经济服务、教育培训服务、社会服务、流动人口服务等）下沉至社会组织，政府与社会组织在提供社会服务方面形成明确的分工边界，政府从特定社会服务的"直接供给者"变为社会服务的"购买者""发包者"和"监督者"，社会组织变为特定社会服务的"直接供给者"。

（3）明确承接政府转移职能事项的社会组织主体

2013 年国务院办公厅发布《关于政府向社会力量购买服务的指导意见》，对政府购买服务的主体、内容、信息公开、资金及绩效管理进行了规范。2014 年财政部、民政部、工商总局下发《政府购买服务管理办法（暂行）》，2016 年财政部、民政部又下发《关于通过政府购买服务支持社会组织培育发展的指导意见》，进一步完善政府向社会组织购买服务的相关政策制度，鼓励在各个重点社会服务领域动员社会组织参与（朱颖慧、连玉明、邢旭东、张俊立，2018）。根据政府转移职能事项的性质，应对承接转移职能事项的社会组织条件做出限定（刘金伟、唐军，2015）。

①对于宣传培训、业务咨询、行业统计、行业调查、法律服务等充分竞争性事项，不限定承接社会组织的资格条件，凡是充分符合竞争条件且社会组织评估等级为 3A 以上等级的社会团体、民办非企业单位、基金会等社会组织都可参与承接。

②对于社区事务、公益服务、著名商标认定、名牌产品评价、成果（产品）评审和认定、行业评比、等级评定等适度竞争性事项，可以限定若干

社会组织进行适度竞争，由符合条件的社会组织承接这些转移职能事项。承接适度竞争性事项的社会组织需要具备的条件：依法注册登记，独立承担民事责任；法人治理结构健全，内部管理制度、信息公开制度、民主监督制度较为完善；财务管理、财务核算和资产管理制度独立且完善，依法纳税，社会保险费缴费记录良好；具备必需的场所、设备、专业技术人员条件和相关资质；社会信誉良好，三年内年检合格；社会组织评估等级为 3A 以上等级；法律法规设定的其他条件。

③企业资质认定、人员职业资格评定和执业资格注册、行业标准制定、行业准入审核等非竞争性事项，限定特定的单一社会组织承接。承接非竞争性事项的社会组织需要具备的条件：依法注册登记，独立承担民事责任；法人治理结构健全，内部管理制度、信息公开制度、民主监督制度较为完善；财务管理、财务核算和资产管理制度独立且完善，依法纳税，社会保险费缴费记录良好；具备必需的场所、设备、专业技术人员条件和相关资质；社会信誉良好，三年内年检合格；具有全行业代表性；行业自律管理，社会公信力高；社会组织评估等级为 3A 以上等级；法律法规设定的其他条件。

目前，各地政府在购买服务时一般会规定社会组织须获得 3A 及以上等级的基本门槛，2016 年度参与政府购买服务的全国性社会组织中，4A 级占 22.73%，3A 级占 72.73%，2A 级占 4.54%（徐家良，2017）。

（4）创造公平竞争的政府职能转移承接环境

政府部门应通过公平竞争的方式鼓励社会组织承接更多的政府转移职能，由社会组织向行业市场组织和社会公众提供多样化、高效率的公共服务。例如，环保部门可以将环境教育、环境考核、环境监督等环境事项交由环境类专业社会组织，这些专业社会组织基于政府的环境保护政策目标自觉回应社会公众的环境保护需求，能够最大限度地实现环境保护的公共权益。再比如，政府部门可以将行业准入资质审核、行业评比、区域经济合作、企业资质认定、科技成果评审、投资项目决策论证等诸多公共管理事项和公共服务事项委托给行业协会商会。在实现政府对社会组织职能转移后，政府主管部门的主要职责是强化对社会组织各项业务的宏观指导，减少对社会组织的直接干预。

5.4.2　完善政府向社会组织购买服务的机制

政府向社会组织购买公共服务，不仅可以提升社会组织在公共服务供给中的功能，也能有效提高公共服务的质量和降低公共服务的成本。随着社会组织的发展壮大，有能力承担更多的政府转移职能，政府应加快向社会组织购买那些公益性强、社会需求量大、直接面对困难群体的社会服务项目。为此，应积极完善政府向社会组织购买公共服务的机制。英国政府在 1998 年即与社会组织代表签订了《政府与社区及志愿者组织合作框架协议》，加拿大、澳大利亚等国也签订了类似合作协议，有力地促进了公共服务水平的提高。美国医疗行业中 50%以上的病床来自私立非营利医院，50%左右的高等学校、95%的交响乐团及 60%的社会福利机构都是社会组织（顾朝曦，2014）。2013 年国务院办公厅颁布《关于政府向社会力量购买服务的指导意见》，2014 年财政部、民政部出台《关于支持和规范社会组织承接政府购买服务的通知》《政府购买服务管理办法（暂行）》，社会组织承接政府购买服务逐步纳入法治化轨道（喻建中，2021）。2020 年财政部颁布《政府购买服务管理办法》，明确指出依法成立的社会组织（不含由财政拨款保障的群团组织）可以作为政府购买服务的承接主体，为社会组织参加政府购买提供了政策依据，社会组织由于本身民间性、公益性、专业性、灵活性的特点，将成为政府购买服务的重要承接者（谭志福、赵云霞，2021）。2020 年 7 月，民政部印发《2020 年中央财政支持社会组织参与社会服务项目实施方案》，明确提出要重点资助全国性社会组织和有较大影响力的地方性社会组织开展社会服务活动。

（1）制定规范的政府向社会组织购买服务实施办法

政府应制定规范的政府向社会组织购买服务的实施办法，明确规定政府向社会组织购买服务的范围和标准、服务对象的界定原则与方法承接主体范围和资质认证方法、政府购买服务方式和程序、招投标方法、资金审核与管理、社会组织提供公共服务的监督管理等内容要素。应将向社会组织购买服务的费用纳入预算管理，在合同中明确规定政府和社会组织双方的责任、义务及服务要求，委托第三方专业机构对社会组织进行项目实施前资质审查、项目实施中的跟踪了解、项目实施后的绩效评估，将政府向社会组织购买公共服务的行为纳入规范化、制度化管理，引导社会组织差异化竞争发展。广州市是政府购买服务先行先试的地区，发布了《广州市街道社区综合服务中心实施政府购买服务流程规范（试行）》《广州市街道社区综合服务中心服务质量通用标准（试行）》《广州市街道社区综合服务中心资助及服务协议（试行）》等工作规范，对政府购买服务的资金金额、来源、构成比例等进行了明确规定，对社区综合服务中心的购买程序、购买主体、承接机构的服务资质、服务质量等做了详细的规定；发布了《关于印发〈广州市政府购买社会服务考核评估实施办法（试行）〉的通知》，为购买主体、承接方的服务考核提供了政策指引；颁布了《广州市民政局关于〈印发广州市家庭综合服务中心项目招标文件有关文本设定指引（试行）〉的通知》，进一步细化了服务的内容、服务工时的计算及其他各项标准[①]。

（2）完善政府向社会组织购买服务的程序

除必要的委托购买服务外，应当向所有社会组织统一公开招标采购公共服务。根据不同的公共服务项目、招标采购的资质要求和参加竞标的社会组织情况，灵活采取公开招标、邀请招标、竞争性谈判等方式确定承接政府购买公共服务的社会组织。政府购买服务的社会组织招投标的选择过程要遵循"公开、公平、公正"的原则，招投标的选择标准和选择结果都要对社会公开。政府及时将社会组织承接政府职能目录的有关信息告知社会组织，扩大社会组织关于政府职能转移的信息来源，有助于社会组织承接政府购买服务。

政府向社会组织购买服务项目，不仅扶持依法登记注册的社会组织能够参与公共服务，鼓励枢纽型社会组织带动那些志愿服务类、公益慈善类、生活服务类的"草根"社会组织参与项目实施，帮助其成长发育（北京市委社会工委综合处，2015）。

北京市政府向社会组织购买公共服务主要有三种模式：①第一种模式是依赖关系条件下非竞争性购买，即承接公共服务购买的社会组织并不完全独立于政府。这种常见模式的特点是购买目标模糊、不存在充分竞争的市场、购买程序尚不规范、公共服务的实质责任并未转移给社会组织。②第二种模式是独立关系条件下非竞争性购买，即政府购买公共服务目标很明确，不存在选择性竞争市场，对象的选择未经竞争性过程。这种购买模式的特点是政府与社会组织间不存在依附关系，政府选择专业、声誉好的社会组织作为购买对象。③第三种模式是独立关条件下的竞争性购买，协议双方主体性独立、公共服务购买目标明确、有可选择性的竞争市场、有公开的竞标程序，是典型的公共服务购买模式。这种模式的特点是公开竞争、

[①] 张跃国，尹涛. 广州社会发展报告（2018）[M]. 北京：社会科学文献出版社，2018：129-143.

政府与社会组织双方共同承担责任。[①]

5.4.3   完善对社会组织的优惠政策

我国的社会组织普遍存在资金不足的困境，应积极完善和落实对社会组织的定向优惠政策和税收优惠政策，增强对社会组织的经济激励。

（1）加大对专业性社会组织的定向财政支持

对于在社会经济活动中贡献力较大但资金不足的专业性社会组织，应加大对专业性社会组织的定向财政支持政策，设立专项的扶持资金，夯实专业性社会组织可持续发展的财力保证。

广州发布了《关于印发〈广州市民办社会工作服务机构公共财政及基本支持实施办法（试行）的通知〉》《广州市民政局关于开展 2017 年广州市民办社会工作服务机构公共财政基本支持工作的通知》等文件，通过一次性资助、以奖代补方式为社会组织发展提供资金支持。[②]广州市建立了以培育基地、发展扶持资金、公益创投为主体的多层次培育扶持机制，全市已建成 45 个社会组织培育基地，入驻社会组织 1336 个。2017 年第四届广州市社会组织公益创投共立项 2422 万元，资助实施 165 个项目，广州市投入 500 万元对 161 个符合资助条件的社会组织予以资助[③]。

北京市 2010 年设立了社会建设专项资金购买社会组织服务，主要支持扩大和新增公共服务、多元参与社会治理和社会公益类项目，2016 年计划购买的 500 个服务项目将涵盖社会公共服务、社会公益服务、社区便民服务、社会治理服务、社会建设决策咨询服务共 5 大类 30 个方向。自设立市级社会建设专项资金设立以来，共购买 2732 个社会组织服务项目，总计投入 4.2 亿元，已结项项目 2252 个，撬动配套资金 6 亿多元。[④]

北京市 2010—2016 年，北京市总计投入 4.2 亿元，购买了 2732 个社会组织服务项目，社会组织通过参与提供公共服务已经成为北京市经济社会发展不可或缺的重要力量，远高于全国平均水平（贺勇，2016）。2013 年起，北京市民政局为了发挥社会力量和专业社会工作者在流浪乞讨人员救助服务中的积极作用，开始向社会组织购买未成年人社会保护服务项目。

---

① 邹文开，王婴，赵红岗. 社会服务研究（第四辑）[M]. 北京：社会科学文献出版社，2017：47-58.
② 张跃国，尹涛. 广州社会发展报告（2018）[M]. 北京：社会科学文献出版社，2018：129-143.
③ 张跃国，尹涛. 广州社会发展报告（2018）[M]. 北京：社会科学文献出版社，2018：199-214.
④ 邹文开，王婴，赵红岗. 社会服务研究（第四辑）[M]. 北京：社会科学文献出版社，2017：47-58.

在北京市民政局购买社会组织参与未成年人社会保护试点服务项目中，政府注重市场化运作方式，采用了公开招标、评标的方式选择社会组织作为项目的合作伙伴。政府通过公开招投标程序购买服务，政府购买的招投标平台的逐步建立，标志着服务购买开始逐步走向规范化，社会组织提供的公共服务项目经过公开的专家评审。在政府购买社会组织服务的竞争招标中，竞标者通常在 3 个以上，政府能够在多个社会组织提供的公共服务项目或方案中进行比较和择优选择。政府在竞标评审、第三方专家参与等环节运用了市场机制，市场竞争制度不断完善。社会组织通过公开的市场竞争获得服务提供者的资格，竞争招标过程不断优化。社会组织为了获得更多的服务提供机会不断加强自身的服务能力，在竞争中得以不断发展，逐渐成为更加优质的服务提供者。同时，社会组织在竞争招标过程中不断优化，也会带动公共服务质量的整体性提升（彭婧，2018）。

（2）完善社会组织的税收优惠政策体系

为减轻各类社会组织的负担，改善社会组织资金不足的状况，应给予社会组织长期减免和短期调整的税收优惠政策。考虑到社会组织公益性的特点，应实施统一、合理、普惠的社会组织税收优惠政策体系，扩大对社会组织的税收优惠范围，简化税收减免程序（韩修良，2015），提高社会组织的税收收益。

（3）给予亟须发展社会组织倾斜性政策

对于国家亟须发展的社会组织，在用地政策、补助政策、人才政策上给予倾斜性支持。2014 年 4 月，安徽省铜陵市社会组织培育中心建成并投入运行。2014 年 7 月，合肥市政府出资 400 万元设立了合肥市社会组织发展基金会，这是全省成立的首个培育扶植社会组织发展的专业基金会[1]。

5.5　推进社会组织的能力建设

我国的社会组织存在着能力不足的问题，其成长需要政府的扶持。

5.5.1　加强社会组织队伍的建设

专业人才队伍是社会组织的生存之本，当前社会组织面临的最大挑战是专业化人才规模的不足（韩修良，2015）。据统计，社工从业人员平均年

---

[1] 黄家海，王开玉，蔡宪. 安徽社会建设蓝皮书：安徽社会建设分析报告（2014—2015）[M].
北京：社会科学文献出版社，2015：162-174.

龄 25 岁，其中从业 5 年以上的仅占 1%，从业 3 年以下的占 92.8%，近三年来的平均年流动率达 21.5%（宁文新、王钰梅，2018）。根据 2018 年《广州社区治理改革调查报告》的有关数据，广州社区专干约 9357 人，大专以上学历占 84.3%，专业素质（32.6%考取社工证）、工资收入仍然偏低（年收入含社保全市平均约 6.3 万元）。社会组织的可持续发展离不开专业性的人才队伍，而专业性人才队伍的培养需要依托社会组织队伍的建设。

（1）完善专业性人才的培训培养机制

通过强化社会组织从业人员的培训培养，可以增强从业人员的专业化水平，提高社会组织参与公共服务的专业服务能力。政府应健全社会组织从业人员的职业标准和从业规范，鼓励社会组织采取定向培养、岗位轮训、规范化培训、进修学历等多层次的培养培训方式，加快专业性人才的职业化培养力度。通过与高校联合开展学历教育、职业继续教育等方式培养社会工作人才，提高从业人员的专业化水平和职业综合素质。例如，广州市重视社会组织专业人才的岗位开发、人才培训，并完善了有关社会工作职业水平评价、人才激励等方面的制度，政府将购买家庭综合服务项目经费的 10%专门用于入职培训、继续教育①。

（2）完善专业性人才的激励机制和职业发展机制

改善专业性人才的薪酬待遇、福利待遇和职业发展空间，在人员聘用、户籍管理、档案管理、职称评定、子女教育方面给予政策照顾，确保社会组织专业人才队伍的稳定性。政府主管部门应完善社会组织从业人员的薪酬待遇指导机制，鼓励有条件的社会组织实行年金制度，给予高素质的专业人才合理的报酬，吸引高层次的专业人才加盟社会组织。

（3）完善社会组织志愿者的参与机制

通过提升社会组织的社会认同度来吸引志愿者积极参加社会组织，在规范社会组织与社会组织的关系的基础上将社会组织打造为志愿者社会服务的工作平台，提高社会组织对志愿者的黏附力。

（4）加快领军人才、拔尖人才的培养力度

加大对社会组织"领军"人物、"拔尖"人才和专业性社会工作者的培养力度，增强人力资本对社会组织可持续发展的引领作用。

---

① 张跃国，尹涛. 广州社会发展报告（2018）[M]. 北京：社会科学文献出版社，2018：129-143.

5.5.2　加强社会组织的资源整合能力建设

（1）推进社会组织与政府部门间的资源整合

积极搭建社会组织与政府部门之间的交流合作平台，拓宽政府部门与社会组织之间的信息交流传递渠道，政府应主动向社会组织"问计""问需""问政"，打造一个覆盖领域广泛、提供服务全面的公共服务资源配置平台。政府部门与社会组织间资源的有效整合，既能最大化提升社会组织的功能，又能最大化满足社会公众多样化的公共需求。

（2）推进社会组织之间的资源整合

以最大化实现社会公众的公共利益为目标推进社会组织之间的资源整合，形成多元化的社会组织资源配置机制，有利于实现社会组织之间的资源的优化配置，充分发挥社会组织集群化的专业优势，最终形成社会服务的合力。

5.5.3　加强社会组织的内部治理能力建设

（1）健全信息公开制度

社会组织的公信力体现着社会公众对于社会组织的信任度和满意度，影响着社会组织民意支持、资金筹集和公共利益目标的实现程度。提高社会组织的公信力的关键在于要完善社会组织的信息公开制度，让社会组织在"阳光下"运行。

社会组织应将其资产运作、资金筹集、资金使用、重大活动的信息透明化，及时向政府、社会、志愿投资者、利益相关者公开，接受社会公众的监督。建立健全社会组织的动态记录、诚信公示、社会评价、失信惩戒等信用管理制度，将社会组织的社会服务、诚信建设、自律建设情况纳入社会诚信管理体系。只有这样，才能不断提高社会组织的公信力，才能拓展社会组织的发展空间。

社会组织应适时在公共信息平台上进行信息发布，信息发布与社会组织的组织发展、运行资金、组织能力、服务质量同等重要，让公众及时了解社会组织的发展动态[①]。组织发展、运行资金、组织能力、服务质量是信息发布的关键指标，具体内容如表 5-1 所示。

---

① 邹文开，王婴，赵红岗. 社会服务研究（第四辑）[M]. 北京：社会科学文献出版社，2017：58-73.

表5-1　指标内容及权重

信息指标	内容	权重
组织发展	登记备案、人员构成、人员薪酬、党组织建设、主管单位	20%
运行资金	资金来源、资金存放、资金保值升值、资金用途及趋向	20%
组织能力	组织专业性、业务范围、协同单位	20%
服务质量	受众情况、服务质量及反馈	20%
信息发布	信息公布平台建设、业务动态发布	20%

来源：刘晓莉，李国正. 社会组织综合监管机制研究[M]//邹文开，王婴，赵红岗. 社会服务研究（第四辑）. 北京：社会科学文献出版社，2017.

（2）加强社会组织内部财务管理

依据民政部社会组织服务中心、上海交通大学、社会科学文献出版社共同发布的《中国社会组织评估发展报告（2017）》，2016年度全国性社会组织均存在财务管理制度不健全的问题，如缺少薪酬管理、资产管理、预算管理、投资管理、财务监督、财务报告等制度，有16.07%的社会组织存在未按《民间非营利组织会计制度》执行财务制度的问题（徐家良，2017）。社会组织应设立独立完整的会计账簿和银行账户，建立符合社会组织规范化运作的财务会计制度、会计监督制度和财务报告制度。

①健全社会组织的内部财务会计制度

在健全内设会计机构的同时，完善资产管理制度、财务处理程序、成本费用核算制度、财产清查制度和收支审批制度。

②健全社会组织的内部会计监督制度

对于涉及资产、收入、支出的所有业务活动应健全内部会计控制制度和内部审计制度，在定期检查内部财务会计制度执行情况的同时，加强对会计凭证、会计账簿、财务报表的严格审核，定期进行财产清查。

③健全社会组织的财务报告制度

社会组织应依法编制财务报告，按照规定向会员大会（会员代表大会）、理事会（常务理事会）提交并审议，随时接受监事会（监事）、会员单位（个人）的查询和质询。应依法向民政部门提交财务报告，接受民政部门的财务监督和财务检查。社会组织存在变更事项或重大活动时，应向民政部门提交财务报告，并接受财务审计。

5.5.4　加强社会组织的筹资能力建设

我国社会组织的筹资渠道狭窄，大多靠政府、挂靠单位资助及少量的社会赞助或会费收入，普遍存在着筹资方式单一、筹资不足的问题，很多社会组织因经费困难而面临生存问题。社会组织的经费来源一直难以有效解决，经费支持无连续性，活动难以正常开展，导致社会组织功能的"虚化"，当务之急是加强社会组织的筹资能力建设，拓宽社会组织的筹资渠道。

（1）提高社会组织获得社会捐赠的能力

一些社会组织的公信力不高，很多社会组织的财务信息也不够透明，加之一些负面事件对社会组织公信力的损害，导致我国社会公众对社会组织的信任度较低，企业和个人捐款的意愿不强，社会组织来自社会捐赠的收入比例较低。为此，政府在推进社会组织公信力建设的基础上，通过政策引导、舆论宣传和经济激励等措施，鼓励企业和居民个人通过各种形式向社会组织进行捐赠。

（2）积极培育社会组织的营销能力和造血能力

鼓励社会组织树立自我营销的理念，向政府部门、企业组织、社会公众推销社会组织的服务项目和专业优势，通过灵活的营销策略、优质的专业服务获得政府的资金补助和企业组织、社会公众的社会捐赠。

鼓励社会组织在坚持公益性导向的基础上，通过技术培训、项目评估、企业咨询、展览展销服务、课题研究等多种形式的有偿服务，以市场化方式获得社会组织运作所必需的经费。

（3）提高社会组织资金聚集的能力

鼓励各类社会组织在国家金融政策规定的范围内，以公益性为目标向社会吸纳闲散资金设立专项基金，为社会组织开展业务开辟资金通道。允许社会组织之间以民生行动为导向进行各样的资金融合，通过整合社会组织内部的闲散资金，形成社会组织资金的合力。

（4）加大政府对社会组织购买服务的力度

依据国际比较，社会组织收入来自政府的平均比例为34%，其中发达国家这一比例为48%，发展中国家平均为22%，西欧、北欧国家高达77%，而我国全国性社会团体总收入中政府补助（含购买服务经费）收入仅占5.2%（顾朝曦，2014）。

应拓宽社会组织购买服务的领域，逐步加大向社会组织购买服务的资金规模，对于社会组织购买服务，政府应通过财政补贴、项目补助，贴息等方式予以支持。应积极实施公共财政资助和奖励机制等措施，在新增财力中设立社会组织培育孵化相关专项基金，孵化和培育有潜力、成长性强、发挥作用好的社会组织。

2019 年 6 月 14 日，由民政部慈善事业促进和社会工作司提出，全国社会工作标准化技术委员会秘书处组织、湖北省标准化与质量研究院、中国标准化研究院、湖北省民政厅起草的《志愿服务组织基本规范》国家标准面向社会公开征求意见。《志愿服务组织基本规范》国家标准规定了志愿服务组织的基本要求、服务管理、组织管理及评估与改进的内容，适用于志愿服务组织的运行和管理。该标准明确了志愿服务组织评价方法，并给出了志愿服务组织评价示例（包括明确评价场景及确定评价过程中的评价模块、评价要素、评价权重、评价得分计算等）。

参考文献

中文文献

[1]埃莉诺·奥斯特罗姆. 公共事务的治理之道：集体行动制度的演进[M]. 余逊达，陈旭东，译. 上海：上海译文出版社，2018.

[2]埃莉诺·奥斯特罗姆，帕克斯，惠特克. 公共服务的制度建构[M]. 宋全喜，任睿，译. 上海：上海三联书店，2000.

[3]埃莉诺·奥斯特罗姆，拉里·施罗德，苏珊·温. 制度激励与可持续发展[M]. 陈幽泓，谢明，任睿，译. 上海：上海三联书店，2001.

[4]奥利弗·E.威廉姆森. 契约、治理与交易成本经济学[M]. 陈耿宣，编译. 北京：中国人民大学出版社，2020.

[5]白启鹏，宋连胜. 新时代社会组织的功能定位与发展路径[J]. 天津行政学院学报，2019（3）：77-85.

[6]C.V.布朗，P.M.杰克逊. 公共部门经济学（第四版）[M]. 张馨，译. 北京：中国人民大学出版社，2000.

[7]曹胜亮. 我国行业协会限制竞争行为规制路径的反思与重构[J]. 法学论坛，2019（2）：56-62.

[8]曹天禄. 社会组织评估：困境与突破——以深圳社会组织评估为例[J]. 湖湘论坛，2015（6）：79-85.

[9]柴一凡. 以有效监管促进社会组织健康有序发展[J]. 中国行政管理，2021（4）：59-64.

[10]陈德顺，程超. 社会组织参与地方治理的内在逻辑、现实障碍与应对之策[J]. 云南行政学院学报，2021（4）：77-87.

[11]陈建国，冯海群. 社会组织评估的制度结构和改革方向[J]. 云南大学学报（社会科学版），2018（3）：107-114.

[12]陈新华，罗恢远. 农村纠纷解决中的农村社会组织及其培育路径——以创新社会管理为视角[J]. 哈尔滨师范大学社会科学学报，2014（2）：

53-56.

[13] 陈怡俊，汪丁丁．社会公共服务领域的协同治理研究——基于地方政府与社会组织策略互动的动态演化视角[J]．中山大学学报（社会科学版），2020（3）：163-179.

[14] 陈友华，祝西冰．中国的社会组织培育：必然、应然与实然[J]．江苏社会科学，2014（3）：90-95.

[15] 陈友华，詹国辉．中国社会组织发展：现状、问题与抉择[J]．新视野，2020（5）：73-80.

[16] 丹尼尔·卡尼曼，保罗·斯洛维奇，阿莫斯·特沃斯基．不确定状况下的判断：启发式和偏差[M]．方文，译．北京：中国人民大学出版社，2013.

[17] 丹尼斯·C.缪勒．公共选择理论（第3版）[M]．韩旭，杨春学，等译．北京：中国社会科学出版社，2010.

[18] 道格拉斯·C.诺思．制度、制度变迁与经济绩效[M]．刘守英，译．上海：上海三联书店，上海人民出版社，1994.

[19] 邓名奋．论公民与政府委托—代理关系的构建[J]．国家行政学院学报，2007（5）：39-42.

[20] 董慧娜．组织联合与价值定位：对支持型社会组织规模化发展过程的分析[J]．社会工作，2021（6）：69-83.

[21] 杜兴艳，王小增．基于 Logistic 模型的福建省社会组织与政府协同意愿的影响因素分析[J]．北京化工大学学报（社会科学版），2017：33-38.

[22] 段雪辉，李小红．双向汲取：社区社会组织的行动路径分析[J]．求实，2020（3）：57-68.

[23] E.S.萨瓦斯．民营化与公私部门的伙伴关系[M]．周志忍，等译．北京：中国人民大学出版社，2002.

[24] 冯虹，李东松．北京社会组织发展研究[M]．北京：社会科学文献出版社，2015.

[25] 高芙蓉．社会资本视域下社会组织参与应急治理的路径研究[J]．河南社会科学，2020（2）：99-104.

[26] 龚志伟．乡村振兴视阈下社会组织参与公共服务研究[J]．广西社会科学，2020（4）：79-83.

[27]顾朝曦. 发挥行业协会商会服务经济发展的功能作用[J]. 中国社会组织，2014（8）：8-10.

[28]哈贝马斯. 公共领域的结构转型[M]. 曹卫东，等译. 北京：学林出版社，1999.

[29]韩凤芹，周孝. 更好发挥社会组织作用将事半功倍——NIPS 的经验与启示[J]. 财政科学，2020（5）：147-153.

[30]韩俊魁. 当前我国非政府组织参与政府购买服务的模式比较[J]. 经济社会体制比较，2009（6）：128-134.

[31]韩萌萌. 我国农村社会组织发展探讨——以厦门市集美区农村老年协会为例[J]. 党政干部学刊，2011（1）：62-64.

[32]韩小凤，赵燕. 公共服务供给侧改革中政府与社会组织关系的再优化[J]. 福建论坛（人文社会科学版），2020（10）：191-200.

[33]何增科. 公民社会与第三部门[M]. 北京：社会科学文献出版社，2000.

[34]胡辉华. 行业协会职能定位的依据源自何处？——以广东省电力行业协会的成长为例[J]. 暨南学报（哲学社会科学版），2018（12）：19-34.

[35]胡炜，高英策. 服务新发展格局的社会组织"非营利中介"战略[J]. 浙江大学学报（人文社会科学版），2020（5）：62.

[36]胡子健. 完善社会组织管理机制——地方政府社会管理创新的发展趋势[J]. 中共中央党校学报，2013，（3）：102-105.

[37]黄家海，王开玉，蔡宪. 安徽社会建设蓝皮书：安徽社会建设分析报告（2014—2015）[M]. 北京：社会科学文献出版社，2015.

[38]黄俊辉，陈恺欣. 新时代社会组织全面参与产业转型升级研究[J]. 辽宁行政学院学报，2021（2）：48-53.

[39]黄晓勇，徐明，郭磊，吴丽丽. 社会组织蓝皮书：中国社会组织报告（2020）[M]. 北京：社会科学文献出版社，2020.

[40]经凤，王栋. 社会组织界别协商：理论解构与效能测度[J]. 岭南学刊，2021（5）：42-49.

[41]柯武刚，史漫飞. 制度经济学：社会秩序与公共政策[M]. 韩朝华，译. 北京：商务印书馆，2001.

[42]柯武刚，史漫飞，贝彼得. 制度经济学：财产、竞争和政策（第二版）[M]. 韩朝华，译. 北京：商务印书馆，2018.

[43]加雷斯·D.迈尔斯. 公共经济学[M]. 匡小平，译. 北京：中国人民大

学出版社，2001.

[44]贾志科，罗志华. 新时代社会组织治理：面临的问题与路径选择[J].
学术交流，2020（3）：134-143.

[45]简·莱恩. 新公共管理[M]. 赵成根，等译. 北京：中国青年出版社，
2004.

[46]敬乂嘉. 控制与赋权：中国政府的社会组织发展策略[J]. 学海，2016
（1）：22-33.

[47]蓝煜昕. 社会组织管理体制：地方政府的创新实践[J]. 中国行政管
理，2012（3）：48-51.

[48]莱斯特·M.萨拉蒙等. 全球公民社会——非营利部门视界[M]. 贾西
津，魏玉，等译. 北京：社会科学文献出版社，2002.

[49]冷向明，张津. 半嵌入性合作：社会组织发展策略的一种新诠释——
以 W 市 C 社会组织为例[J]. 华中师范大学学报（人文社会科学版），
2019（3）：20-28.

[50]李景鹏. 关于非政府组织若干问题的探讨[J]. 新视野，2003（1）：
37-41.

[51]李娟，王胜. 社会组织承接政府养老项目的执行困境及路径优化思
路——基于"制度—文化"的分析框架[J]. 学习论坛，2021（5）：88-
95.

[52]李维安. 社会组织治理转型：从行政型到社会型[J]. 南开管理评论，
2015（2）：1.

[53]李研，梁洪力. 科技类社会组织在建设区域创新体系中的作用——以
中关村为例[J]. 中国科技论坛，2014（2）：22-26.

[54]李志强. 转型期农村社会管理创新研究新视野——"结构—功能"理论
框架下农村社会组织分析维度[J]. 社会主义研究，2014（7）：118-124.

[55]连玉明. 北京街道发展报告 No.2 白纸坊篇[M]. 北京：社会科学文献
出版社，2018.

[56]梁晨，房莉杰，李秉勤，王晶，单丽卿. 共同缔造与海沧社会建设[M].
北京：社会科学文献出版社，2018.

[57]林海彬. 应急管理中地方政府与社会组织协调的张力及其弥合[J].
广东行政学院学报，2021（2）：31-36.

[58]林顺浩，黄媛，蓝煜昕. 关键群体、角色扮演与社区社会组织规模——

来自 G 省 S 区的证据[J]. 公共管理与政策评论，2021，10（6）：139-152.

[59]刘丽珑，张国清，陈菁. 非营利组织理事社会资本与组织绩效研究——来自中国基金会的经验证据[J]. 中国经济问题，2020（2）：76-90.

[60]刘娅云，陈晓春，金倩颖. 社会组织的绩效测算及差异性研究——基于两阶段 DEA 模型[J]. 财经理论与实践，2021（3）：140-146.

[61]刘玉照，贾文娟. 社会组织发展与城市基层治理[M]. 北京：社会科学文献出版社，2021.

[62]龙欢. 从"孵化"到"培育"：社会组织支持模式的本土重构[J]. 求索，2020（6）：177-185.

[63]鲁可荣. 农村社会组织与基层政府协同开展社会管理创新的浙江经验及模式[J]. 武汉科技大学学报（社会科学版），2013（3）：233-239.

[64]罗杰·B.迈尔森. 博弈论：矛盾冲突分析[M]. 于寅，费剑平，译. 北京：中国人民大学出版社，2015.

[65]罗杰·勒罗伊·米勒，丹尼尔·K.本杰明，道格拉斯·C.诺思. 公共问题经济学（第 19 版）[M]. 王欣双，吉杨，李季，译. 北京：中国人民大学出版社，2019.

[66]罗婧. 从团结型社会组织、行政型社会组织到治理型社会组织——1949 年以来社会组织的变迁历史[J]. 清华大学学报（哲学社会科学版），2020（3）：191-206.

[67]罗文恩. 后脱钩时代行业协会功能再定位：公益组织研究视角[J]. 治理研究，2018（5）：104-112.

[68]罗雨晴. 激发社会组织活力的困境与对策[J]. 党政论坛，2020（3）：24-27.

[69]马斌. 政府间关系：权力配置与地方治理——基于省、市、县政府间关系的研究[M]. 杭州：浙江大学出版社，2009.

[70]迈克尔·麦金尼斯. 多中心体制与地方公共经济[M]. 毛寿龙，李梅，译. 上海：上海三联书店，2000.

[71]马庆钰，谢菊，石峻驿. 中国第三部门法人社会组织经济规模测算研究[J]. 中国行政管理，2020（12）：62-68.

[72]曼瑟尔·奥尔森. 集体行动的逻辑[M]. 陈郁，郭宇峰，李崇新，译. 上海：上海三联书店，1995.

[73]孟凡蓉. 科技社会组织应在公共危机治理中发挥更大作用[J]. 科学学研究, 2020（3）: 398-399.

[74]苗丽. 社会组织在治理新格局中的价值及提升[J]. 人民论坛, 2020（29）: 64-65.

[75]唐纳德·E.坎贝尔. 激励理论: 动机与信息经济学（第二版）[M]. 王新荣, 译. 北京: 中国人民大学出版社, 2013.

[76]彭华民. 民生为本的社会建设[M]. 北京: 社会科学文献出版社, 2018.

[77]彭灵灵. 社会组织促进社会融合的实现路径[J]. 中南民族大学学报（人文社会科学版）, 2021（12）: 81-90.

[78]彭小兵, 黎文清. 社区社会组织何以被行政吸纳——基于结构功能主义的再解释[J]. 地方治理研究, 2020（4）: 24-38.

[79]乔治·恩德勒. 面向行动的经济伦理学[M]. 高国希, 吴新文, 译. 上海: 上海社会科学院出版社, 2002.

[80]秦岭. 运行机制、功能分析与制度设计——基于对江苏省五县市农村社会组织的调查[J]. 社团管理, 2011（5）: 21-24.

[81]邱玉婷. 社会组织与政府协同治理相对贫困的行动策略——以2020年后巩固拓展脱贫攻坚成果为视角[J]. 广西社会科学, 2021（4）: 11-16.

[82]R.科斯, A.阿尔钦, D.诺斯. 财产权利与制度变迁——产权学派与新制度学派译文集[M]. 上海: 上海三联书店, 上海人民出版社, 1994.

[83]让·梯若尔. 共同利益经济学[M]. 张昕竹, 马源, 等译. 北京: 商务印书馆, 2019.

[84]沈海燕. 政府购买文化社会组织公共文化服务的问题与对策[J]. 大连海事大学学报（社会科学版）, 2020（1）: 98-102.

[85]沈永东. 社会组织推动城乡区域协调的体制机制与政策支撑——基于浙江共同富裕示范区建设经验[J]. 探索与争鸣, 2021（11）: 27-29.

[86]沈永东, 虞志红. 民营经济发展特殊时期的行业协会商会[J]. 治理研究, 2019（2）: 31-38.

[87]石国亮, 李培晓. 在社会组织评估指标体系中增设特色指标的思考与建议[J]. 理论与改革, 2013（5）: 113-115.

[88]宋言奇, 羊凡. 社区社会组织培育体系探讨——基于苏南地区的实地调研[J]. 中共福建省委党校学报, 2017（6）: 78-83.

[89]苏曦凌. 国家建构下的社会进化: 地方政府培育社会组织的整体性分

析[J]. 社会科学研究，2021（5）：52-59.

[90]苏曦凌，杜富海. 走向协同：社会管理中政府与社会组织关系形态的理性建构[J]. 广西师范大学学报（哲学社会科学版），2015（4）：63-67.

[91]苏曦凌，罗雨晴. 打造共建共治共享社会治理格局中的政府工具创新——以政府与社会组织关系调整为分析对象[J]. 广东行政学院学报，2020（3）：52-58.

[92]谭志福. 论我国社会组织管理体制的演化[J]. 湖南科技大学学报（社会科学版），2018（1）：112-116.

[93]唐文玉. 中国社会组织发展的历史变迁与当代走向[J]. 学术界，2021（7）：50-60.

[94]唐政秋，喻建中. 社会组织承接政府购买服务的现实困境与突破路径[J]. 社科纵横，2021（4）：108-112.

[95]田家华，程帅，侯俊东. 中国社区环境治理中地方政府与社会组织合作模式探析[J]. 湖北社会科学，2021（5）：66-74.

[96]万银锋，闫妍. 党领导社会组织：必然逻辑、现实困境与应对策略[J]. 中州学刊，2020（4）：32-38.

[97]汪大海，张建伟. 福利多元主义视角下社会组织参与养老服务问题——"鹤童模式"的经验与瓶颈[J]. 华东经济管理，2013（2）：118-122.

[98]王栋，冯佟，阎茂瑶. 参与式预算化解社会组织扶贫服务困境的路径探索[J]. 中央民族大学学报（哲学社会科学版），2020（3）：78-87.

[99]王东亮. 政府购买社会组织服务增200项[N]. 北京日报，201-02-07.

[100]王辉，张为波. 中国社会组织参与社会管理的功能与限制[J]. 西南民族大学学报（人文社会科学版），2014（7）：122-127.

[101]王建军. 全国性行业协会商会在经济建设中作用显著[J]. 中国社会组织，2014（8）：11.

[102]王杰秀，黄晓春. 多重转型交汇中的社区社会组织[J]. 社会政策研究，2021（3）：89-107.

[103]王俊霞，李万新. 第三部门：公共经济的必然主体[J]. 经济问题，2004（10）：13-15.

[104]王美慧. 中国政府与社会组织关系变迁及对社会治理的影响[J]. 行政科学论坛，2020（4）：21-25.

[105]王名. 中国民间组织30年[M]. 北京：社会科学文献出版社，2008.

[106]王名,丁晶晶. 社会组织参与社会管理创新的基本经验[J]. 中国行政管理,2013（4）：65-67.

[107]王世强. 中国政府购买社会组织公共服务现状分析[J]. 中国社会科学院研究生院学报,2015（3）：45-50.

[108]王湘军,刘莉. 从边缘走向中坚：互联网行业协会参与网络治理论析[J]. 北京行政学院学报,2019（1）：61-70.

[109]王向民,李小艺,肖越. 当前中国的社会组织培育发展研究：从结构分析到过程互动[J]. 华东师范大学学报（哲学社会科学版）,2018（6）：108-120.

[110]王艳芳,白波,丁继伟. 基层政府向社会组织购买服务的模式探究——以北京市C街道为例[J]. 学理论,2020（4）：36-38.

[111]王炎龙,刘叶子. 政策工具选择的适配均衡与协同治理——基于社会组织政策文本的研究[J]. 四川大学学报（哲学社会科学版）,2021（3）：155-162.

[112]王喆. 协同治理：社会组织参与社区矫正的一种实现方式[J]. 社会科学战线,2021（1）：266-270.

[113]魏礼群. 党的十八大以来社会治理的新进展[N]. 光明日报,2017-08-07.

[114]温子勤,胡辉华. 论社会管理中政府与社会组织协同共治关系的构建[J]. 学术论坛,2016（2）：112-116.

[115]吴树新. 农村社会组织发育及其作用研究——以安徽省凤台县钱庙社区理事会为例[J]. 中国发展,2013（1）：55-59.

[116]吴亚慧. "行动者—空间生产"视角下社会组织有效参与社区治理研究[J]. 领导科学,2021（14）：43-46.

[117]席恒. 利益、权力与责任——公共物品供给机制研究[M]. 北京：中国社会科学出版社,2006.

[118]谢舞,王天维. 社会组织的嵌入性与本土化培育[J]. 江汉论坛,2021（5）：131-138.

[119]徐家良,张煜婕. "以标定轨"：长三角一体化社会组织高质量发展的推进策略[J]. 苏州大学学报（哲学社会科学版）,2021（6）：10-18.

[120]Y.巴泽尔. 产权的经济分析[M]. 费方域,段毅才,译. 上海：上海三联书店,1999.

[121]闫树涛. 结构、行动与制度：城市社区中的社会组织有效协同治理[J]. 河北学刊，2020（6）：177-185.

[122]杨宝. 政社合作与国家能力建设——基层社会管理创新的实践考察[J]. 公共管理学报，2014（2）：51-59.

[123]叶士华，孙涛. 政府购买服务背景下社会组织自主性的影响机制研究——从组织资本视角分析[J]. 上海行政学院学报，2020（5）：89-99.

[124]叶士华，孙涛. 竞争可以提升社会组织专业化水平吗——基于全国735家社会服务组织的实证分析[J]. 甘肃行政学院学报，2021（4）：38-47.

[125]殷星辰. 北京社会治理发展报告（2017—2018）[M]. 北京：社会科学文献出版社，2018.

[126]俞可平. 治理与善治[M]. 北京：社会科学文献出版社，2000.

[127]郁建兴，金蕾. 社区社会组织在社会管理中的协同作用——以杭州市为例[J]. 经济社会体制比较，2012（4）：157-168.

[128]约瑟夫·E.斯蒂格利茨. 公共部门经济学（第三版）[M]. 郭庆旺，杨志勇，刘晓路，张德勇，译. 北京：中国人民大学出版社，2013.

[129]詹姆斯·A.莫里斯. 福利、政府激励与税收[M]. 王俊，译. 北京：中国人民大学出版社，2013.

[130]詹轶. 论中国社会组织管理体制的变迁——现代国家构建的视角[J]. 武汉大学学报（哲学社会科学版），2015（4）：34-41.

[131]张邦辉，李丹姣，蒋杰. 政府向社会组织购买公共服务中的公众需求表达机制探究[J]. 改革，2020（5）：139-149.

[132]张彩云，康杰. 社会组织参与社会治理的前提、存在的问题与策略[J]. 决策与信息，2021（10）：33-39.

[133]张潮，张雪. 组织能力、合作网络和制度环境：社区非营利组织参与社会治理的有效性研究[J]. 经济社会体制比较，2020（2）：90-99.

[134]张锋. 社会组织在预防、化解群体性事件中的作用与机制研究[J]. 延边大学学报（社会科学版），2012（4）：99-103.

[135]张海. 我国社会组织培育模式的历史演变及发展趋势[J]. 湖北社会科学，2015（10）：52-60.

[136]张辉. 民族地区农村基层社会组织的功能研究——以青海省化隆县

金源乡阿吾卜具村为例[J]. 青海社会科学，2014（4）：200-204.

[137]张清，武艳. 包容性法治框架下的社会组织治理[J]. 中国社会科学，2018（6）：91-109.

[138]张澧生. 社会组织治理能力提升的困境与创新路径[J]. 江西社会科学，2014（7）：190-194.

[139]赵冬，陈志超. 城市协同治理的社会组织：结构、机理与增效[J]. 上海行政学院学报，2021，22（2）：73-82.

[140]珍妮特·V.登哈特，罗伯特·B.登哈特. 新公共服务：服务，而不是掌舵[M]. 丁煌，译. 北京：中国人民大学出版社，2004.

[141]周爱萍.社区社会组织在创新社会管理中的作用——广东南海经验的表达[J]. 云南行政学院学报，2014（3）：96-99.

[142]周庆智. 官治与民治：中国基层社会秩序的重构[M]. 北京：社会科学文献出版社，2019.

[143]周飞舟，何奇峰. 行动伦理：论农业生产组织的社会基础[J].北京大学学报（哲学社会科学版），2021（6）：88-97.

[144]周鑫泽. 农村社会组织发展与社会管理创新——基于浙江省枫桥镇的实证研究[J]. 中共浙江省委党校学报，2012（1）：12-18.

[145]邹文开，王婴，赵红岗. 社会服务研究（第四辑）[M]. 北京：社会科学文献出版社，2017.

英文文献

[1] Thomas A, Lamine C, Allès B, et al. The key roles of economic and social organization and producer and consumer behaviour towards a health-agriculture-food-environment nexus: recent advances and future prospects[J]. Review of Agricultural, Food and Environmental Studies, 2020(101).

[2] Barro R J. Human Capital and Growth[J]. American Economic Review, 2001, 91(2): 12-17.

[3] Barzel, Yoram. Productivity Change, Public Goods & Transaction Costs[M]. Massachusetts: Elgar Edward Publishing Inc, 1995.

[4] Bergstrom T, Blume L, Varian, H. On the Private Provision of Public Goods [J]. Journal of Public Economics, 1986(29): 25-49.

[5] Buchannan M. Essays on the Political Economy[M]. Hawaii: University of

Hawaii Press, 1989.

[6] Clausen M R. How Funding of Non-profit Social Organizations Affects the Number of Volunteers[J]. International Journal of Voluntary and Nonprofit Organizations, 2021(3).

[7] Du L, Hou J, Huang Y. Mechanisms of power and action for cause-related marketing: Perspectives of enterprise and non-profit organizations[J]. Baltic Journal of Management, 2008, 16(1): 92-104.

[8] Foley D. Resource allocation and public sector[J]. Yale Economic Essays, 1967(7): 45-98.

[9] George J, Mailath Andrew Postlewaite. Asymmetric Information Bargaining Problems with Many Agents[J]. Review of Economic Studies, 1990(57): 351-367.

[10] Giddens, Anthony. The Third way: The Renewal of Social Democracy[M]. Cambridge: Polity Press, 1998.

[11] Hansmann H. The Role of Nonprofit Enterprise[J]. Yale Law Journal, 1980, 89(5): 835-901.

[12] Kao J C, Ma H Y, Chiang N T, et al. How to Establish a Sustainable Organization? A Study on the Relationship between Social Work Characteristics and Innovativeness for Employees of Organizations[J]. Sustainability, 2021, 13(11): 6272.

[13] Klafke R V, Gomes P M, Junior D M, et al. Engagement in social networks: a multi-method study in non-profits organizations[J]. International Review on Public and Nonprofit Marketing, 2021, 18(2): 295-315.

[14] Zavgorodniy K, Tkachenko V, Voit S. Institutional approaches to the organization of complex self-governing social and economic systems[J]. ScienceRise, 2020, 2(2): 41-50.

[15] Machado C M L, Scavarda A, Kipper L M, et al. Sustainability at the healthcare organizations: An analysis of the impact on the environment, society, and economy[J]. Chemical Engineering Transactions, 2015, 45: 727-732.

[16] Mumtaz M. Role of Civil Society Organizations for Promoting Green and Blue Infrastructure to Adapting Climate Change: Evidence from Islamabad

City, Pakistan[J]. Journal of Cleaner Production, 2021, 309(6): 127296.

[17] Ostrom E, Walker J and Gardner R. Covenants with and without a Sword: Self-governance is Possible[J]. American Political Science Review, 1992(86): 404-417.

[18] Salamon L M, Anheier Helmut K. Global Civil Society: Dimensions of the Nonprofit Sector.[M]. Maryland: The John Hopkins University, 1999.

[19] Shao Q, Yuan J, Lin J, et al. A SBM-DEA based performance evaluation and optimization for social organizations participating in community and home-based elderly care services[J]. PLOS ONE, 2021(16).

[20] Taylor M. The Possibility of Cooperation[J]. American Political Science Association, 1987, 82(4): 1363.

[21] Vertovec S. The social organization of difference[J]. Ethnic and Racial Studies, 2021, 44(5): 1-23.

[22] Weisbrod B. The Nonprofit Economy[M]. Massachusetts: Harvard University Press, 1988.

[23] Whittaker L, Wolfe M. Disclosure and Funding of Non-Profit Organizations[J]. Social Science Electronic Publishing, 2014.